梅本堯夫・大山　正 監修　**13** コンパクト新心理学ライブラリ

情報処理心理学

情報と人間の関わりの認知心理学

中島義明 著

サイエンス社

監修のことば

　心理学をこれから学ぼうという人の中には，おうおうにして先入観をもっている人が多い。それは，たいていマスコミで取り上げられることの多いカウンセリングや深層心理の問題である。心理学といえば，それだけを扱うものであるという誤解が生まれやすいのは，それらの内容が青年期の悩みに，すぐに答えてくれるように思われるからであろう。それらの臨床心理の問題も，もちろん，心理学の中で重要な問題領域であるが，心を研究する科学としての心理学が扱う問題は，もちろんそれだけではない。

　人間は環境の中で生きていくために，環境の事物をよく見たり，聞いたりしなければならないし，欲望を満足させるために行動しなければならないし，行動して得た貴重な経験は生かされなければならない。心は，考えたり，喜んだり，泣いたり，喧嘩したり，恋愛をしたりという，人間のあらゆる活動で働いている。大人の心だけではなく，子どもの心も知らなければならない。人はそれぞれ違った性格をもっているし，社会の中で生きていくためには人間関係がどのようになっているかも知らなければならない。

　心理学は実に豊富な内容をもっていて，簡単にこれだけが心理学であるというわけにはいかない。『吾輩は猫である』という作品一つで，夏目漱石とは，こういう作家であるといえないようなものである。夏目漱石を知ろうと思えば，漱石全集を読む必要がある。

　それと同じように心理学とはなにかということを理解するためには，知覚心理学も発達心理学も性格心理学も社会心理学も臨床心理学も，およそのところを把握する必要がある。

　われわれがさきに監修した「新心理学ライブラリ」は，さいわい世間で好意的に受け入れられ，多くの大学で教科書として採用していただいた。しかし近年，ますます大学で学ばなければならない科目は増加しており，心理学のみにあまり長い時間をかける余裕はなくなってきた。そこで，今回刊行する，心理学の各領域のエッセンスをコンパクトにまとめた「コンパクト新心理学ライブラリ」は現代の多忙な大学生にとって最適のシリーズであると信じる。

　　　　　　　　　　　　　　　　　　　監修者　梅本堯夫
　　　　　　　　　　　　　　　　　　　　　　　大山　正

まえがき

　「『情報処理心理学』に関して分かりやすくまとまったものを書いてほしい」という本書執筆の依頼を受けてから，数年が過ぎ去った。思った以上に時間がかかったのは，書き始めてみると当初の予想を上まわりなかなかに手こずったことによる。それは何か「自分らしさ」を出したいとの己の力量を超えた願望に支配されたが故であろう。筆者としては出来るだけの努力をしたつもりではあるが，上の目標にどの程度到達できているのかは定かではない。読者に判断をゆだねるところである。

　本書の内容は，書名が示すように，生体における内的な情報処理を仮定する伝統的な（？）「認知心理学」にもとづいている。今日の伝統的認知心理学は，その主張に対する一般的支持を獲得するための創生期における騒々しい（？）ほどのエネルギッシュな自己主張から，十分に認知された後の落ち着いた自己表現への成長過程の歩みを進めている。そのような状況の中で成熟度を増したこの分野に関連した解説書を分かりやすくまとめる作業は荷が重かったが，この分野における主張の基礎を成す考え方を改めて平易に表現し直してみたことや，それらの考え方の有する「問題点」についてまで考察を広げてみたことが，筆者に与えたものは大きかった。その意味で，本書は平易な解説を試みてはいるが，その内容は心理学の専門課程の大学生や大学院生にとっても十分に参考になるレベルを維持しているものと自負している。

　最後になったが，本書執筆の機会を与えてくださったライブ

ラリ監修者の故梅本堯夫先生と大山　正先生にお礼を申し上げたい。また，本書の出版は，サイエンス社の清水匡太氏の卓越した編集手腕と同社の御園生晴彦氏の終始変わらぬ励ましとに大いに支えられた。両氏に対し心からの謝意を表したい。さらに，原稿の入力作業は全面的に早稲田大学人間科学研究科博士課程の大学院生である島崎　敢氏の手を煩わせた。同氏の有能にして誠意あふれる援助に対しても，心からのお礼を申し上げたい。

　　2006年3月　桜の開花を待ちつつ

中　島　義　明

目　　次

まえがき …………………………………………………………… i

第1章　「認知心理学」とは　　　　1

認知心理学のイメージ……………………………………………2
近年の認知心理学に見られる特徴………………………………4
認知心理学成立の歴史……………………………………………8
認知心理学の台頭 ………………………………………………20
情報処理心理学とコンピュータ ………………………………32
認知心理学と認知科学… ………………………………………36
◆ 参 考 図 書 ………………………………………………38

第2章　メ タ 認 知　　　　39

若葉さんともう一人の若葉さん ………………………………40
若葉さんの「若葉さん」の『若葉さん』 ……………………44
メタ認知の研究法 ………………………………………………46
◆ 参 考 図 書 ………………………………………………60

第3章　処 理 資 源　　　　61

エンジンとガソリン ……………………………………………62
「処理資源」と「注意」 ………………………………………62
「処理資源」の概念を整理してみると　………………………64
資源は1つ？　それとも複数？ ………………………………66
多重資源理論 ……………………………………………………68
ウィッケンズの多重資源モデルの原型 ………………………70
航空母艦メタファー ……………………………………………72
資源の種類はいくつある？ ……………………………………74
配分方針の決定は誰がする？ …………………………………74

iii

ウィッケンズの多重資源モデルの改良型 ……………………76
　　多重資源理論が「循環論」に陥る可能性 ……………………78
　◆ 参 考 図 書 ………………………………………………81

第4章　ワーキングメモリ　　　　　　　　　　　　　　85

　　記憶の種類 ………………………………………………86
　　記憶研究の始まり ………………………………………86
　　短期記憶と長期記憶 ……………………………………88
　　ワーキングメモリと短期記憶 …………………………88
　　バッドレー・モデルにおけるワーキングメモリの
　　サブシステム ……………………………………………90
　　「ワーキングメモリ人」？ ………………………………92
　　サブシステムの数 ………………………………………94
　　サブシステム探しは錬金術と同じ？ …………………96
　　知能構造との共通性 ……………………………………96
　　「中央実行系」の解明は知能の解明と同じ？ …………98
　◆ 参 考 図 書 ……………………………………………102

第5章　展望的記憶　　　　　　　　　　　　　　　　103

　　「展望的記憶」のラフ・スケッチ………………………104
　　展望的記憶と普通の記憶（回想的記憶）との相違点 ……104
　　展望的記憶とプラン ……………………………………106
　　展望的記憶はワーキングメモリの一種？ ……………108
　　高齢者は展望的記憶が苦手？ …………………………112
　　展望的記憶を良くするための方略 ……………………112
　　展望的記憶とリアリティ・モニタリング ……………114
　◆ 参 考 図 書 ……………………………………………117

第6章 プライミング効果　　　119

古くて新しい問題 …………………………………120
促進効果の一種 ……………………………………120
「自動的処理」にもとづくプライミング効果………122
「意識的処理」にもとづくプライミング効果………122
プライミング効果と映像理解 ……………………124
プライミング効果と長期記憶 ……………………128
プライミング効果と予測 …………………………130
◆ 参 考 図 書 …………………………………131

第7章 スキーマ　　　133

「スキーマ」を理解するための「スキーマ」………134
物語スキーマ ………………………………………136
アウトラインと見出しの効果 ……………………138
スクリプト …………………………………………142
映像によるスキーマの逆利用 ……………………144
スキーマの違いによる対象理解の相対性 ………144
スキーマの可変性 …………………………………144
スキーマの種類と数 ………………………………146
◆ 参 考 図 書 …………………………………148

第8章 基　　準　　　149

情報処理と「基準」…………………………………150
認知的レベルにおける「認識的解決」……………152
知覚的レベルにおける「認識的解決」……………156
感覚的レベルにおける「認識的解決」……………160
「基準」のない世界…………………………………164

心理学と周辺科学を連結する「総合的変数」
　　としての「基準」……………………………………168
　　◆ 参 考 図 書 …………………………………172

第9章　素朴概念　　　　　　　　　　　　　　177

　　問 題 解 決 ……………………………………………178
　　われわれの世界のさまざまな「問題」……………178
　　われわれは必ずしも問題を「正しく」は解決しない ……180
　　素朴概念の特性 ……………………………………182
　　「素朴概念」と学校教育……………………………182
　　「『素朴概念』の物理学」としての「直観物理学」…………182
　　◆ 参 考 図 書 …………………………………204

第10章　認知地図　　　　　　　　　　　　　　205

　　認知地図と定位 ……………………………………206
　　「認知地図」ということばの生い立ち……………208
　　現在地と認知地図 …………………………………210
　　ナビゲーションと認知地図 ………………………214
　　認知地図の形成と変化 ……………………………218
　　◆ 参 考 図 書 …………………………………220

第11章　ヒューマン・エラー　　　　　　　　　221

　　情報処理心理学的視点より整理したエラーの種類 ………222
　　情報処理心理学的視点より構築されたエラー発生の
　　モデル ………………………………………………230
　　「ヒューマン・エラー」から「ヒューマン・ファクター」へ
　　　……………………………………………………237
　　◆ 参 考 図 書 …………………………………238

引用文献 …………………………………………239
人名索引 …………………………………………247
事項索引 …………………………………………249
著者紹介 …………………………………………253

本文イラスト:花園あやめ

「認知心理学」とは

　「認知心理学」が多くの心理学者の関心を呼んでから，すでに数十年が経過した。当初は一種の学問的姿勢の運動としての色彩が強かったが，今日では初期の興奮も治まり，着実に心理学の中に揺るぎない地位を築いている。そこで，本章では，その誕生背景・イメージ・特色といったような全体像に関する平易な解説を試み，その中で，本書の『情報処理心理学』というタイトルについて読者の理解を得たい。

認知心理学のイメージ

　従来の実験心理学は「帰納的方法」を主たるパラダイムとしていたが，認知心理学（cognitive psychology）では「演繹的方法」もよく用いられる。なぜなら，認知心理学では，それまでの心理学ではブラックボックスとして手つかずに残されていた人間の内的過程，とくに内的情報処理過程が研究対象となるわけである。そのため，対象に直接接近することができない。そうであれば，調べたい研究対象（事象）の性質を「直接的に」反映しているような多くのデータがまず集められ，そこから何らかの「法則性」のようなデータ間の関係を抽出するといったやり方に頼ることには，どだい無理がある。先に何らかの「検証すべき内容」があり，それに「間接的に」関連すると思われる指標をそれこそ必死になって工夫し，その「内容」の是非を吟味するほうが効率的であると共に，より「精緻な内容」を研究の俎上にのせることができる。すなわち，認知心理学では，従来の実験心理学におけるより，「演繹的方法」が多用されるのである。イメージの上でこの点を特徴の一つとして挙げておくことができる。

　2つ目に挙げておきたいのは，認知心理学は人間の「認知機能」を「情報処理モデル」に立って研究する学問である（1950年代後半に成立）ということである。一口に「認知機能」といっても，伝統的分野名で言えば，知覚，記憶，思考などの諸領域を含むことになる。これは，一般的表現として，「心理学は『知・情・意』を研究する学問である」とされることがあるが，その際の「知」の部分に相当することになろう。また，上で言う「情報処理モデル」についてはどのようなものとしてイメージしたらよいのであろうか。このモデルは少なくとも次の2つの要件を満たしている

Topic 情報処理心理学の研究法

　情報処理心理学に「特有な」研究法というものなどない。すべて，言わば，「心理学」の研究法なのである。しかし，科学としての心理学が出発して以来，長く用いられてきているものや，比較的新しく用いられるようになったものなどの色合いの違いは見受けられる。後者の方法は，何となく「情報処理心理学的な」研究法といった感じを持たれがちになるかもしれないが，これらとてけっして情報処理心理学に「特有な」研究法といったものではなく，研究状況がその使用に適していれば，広く心理学の諸分野において用いられているものである。

　そこで，「情報処理心理学」の理解風土をより豊かにすることを目指し，以下において，「心理学」における典型的研究法について，言い換えれば「情報処理心理学」における典型的研究法について，若干の整理をしておくことにしよう。

　それぞれの方法について詳細に解説することは，本書の目的とするところではないので，必要な場合には，読者は適当な参考書により，各自学習されたい。ここでは，ごく簡単な記述にとどめる。

観察法……自然な状況下にある対象者について，どのような行動が生じているかどうかを観察する方法（自然観察法）のことである。観察すべき対象（行動）を絞り込んだり（組織的観察法），観察場面に何らかの人為的条件操作を行った事態の下で観察を行う方法（実験的観察法）などもある。

内観法……自分自身の意識的経験を自己観察する方法。情報処理心理学では，入力と出力の間に存在する直接には観察不可能な内的処理過程（情報処理過程）を研究対象としているのであるから，

認知心理学のイメージ

ものであろう。
1. 人間というものを，情報を処理する上での一種のシステムとみなしている。
2. そこでは，情報を処理するメカニズムやプロセスが取り扱われている。

しかしながら，これらの事柄を満たす記述のレベルについては，さまざまな程度が考えられよう。たとえば，コンピュータ・プログラムの形で厳密かつ詳細に表現されているものから，単に概念的に曖昧に表現されているものまで種々のものがあり得るのである。

近年の認知心理学に見られる特徴

前節で述べた認知心理学のイメージは，一般的な内容であったが，ここでは，とくに最近の認知心理学に焦点化した場合に言える最大の特徴と思われるものを1つだけ挙げておこう。それは，人間の認知へのアプローチが多様性を有するということである。もちろんこの特徴は認知心理学の誕生時から見られるものではあるが，近年この多様性が当初の状態よりはるかに広がると共に，今後もますます広がる可能性を秘めているということである。

認知過程に関心を有する心理学者のカテゴリーの広がり

この現在の状況を，アイゼンクとキーンの指摘にもとづき（アイゼンク, 1990），認知過程に関心を有する心理学者のカテゴリーの広がりで見てみると，次のようになる。

1. 実験認知心理学者

実験認知心理学者とは，伝統的心理学の用語で言えば，認知過程を研究対象としている「実験心理学者」を指す。従来のような

この方法（広義に考える）を用いざるを得ないのである。

ダイアリー法……日誌法のことである。日常生活の中で，該当する行為や現象が自分自身において経験されたときに，それらの行為や現象について，それらの生起に関係すると思われる状況を含めて，日誌に詳しく記録しておく方法である。長期間の「記憶の保持の問題」や，日常生活に見られる「エラーの問題」などで，よく用いられている。

反応時間測定法……刺激が提示されてからその刺激に対する反応が生ずるまでの時間を反応時間と言う。この時間は，提示された刺激の内的処理時間を反映していると想定されるので，この時間を測定する方法は内的処理の負荷の程度を調べる方法としてよく用いられている。

精神物理学的方法……物理的な量と心理学的な量との間の関数関係を追究する立場から工夫された測定法を指す。すなわち，物理的連続体上の刺激値に対応する心理学的連続体上の尺度値を求める方法である。調整法，極限法，恒常法がよく知られている。これらの方法を使い分けることにより，刺激閾，刺激頂，弁別閾，主観的等価値が測定される。

実験法……吟味要因として操作される独立変数と，独立変数によって影響を受けると予測される従属変数との関係を，それ以外の関与変数である2次変数をコントロールすることにより，検討していく方法である。「因果関係」を明らかにしていくことを目指す実証的研究が多用する方法である。

生理学的方法……脳波，心電図，筋電図，等々といった生理学的指標を測定する方法である。とくに提示刺激に対する被験者の課題処理の特性に対応する形で誘発される脳波の一種である「事象関連電位」は，情報処理過程を調べる上での有効な指標とされている。

実験室研究であろうと，認知心理学の一つの特徴でもある「日常的リアリズム」を重視したフィールド研究であろうと，独立変数を操作し従属変数への影響を見るという方法論すなわち「実験的パラダイム」にもとづいた，認知過程の研究をする心理学者たちである。

2. 認知科学者

認知科学者とは，「心理学」に固有の研究者たちというより，「知」の解明を目指す「学際科学」（すなわち「認知科学」）を研究の地盤としている人々である。そして，程度差はさまざまであろうが，コンピュータ・モデルというものに何らかの形で関心を有している研究者たちである。

3. 認知神経心理学者

認知神経心理学者とは，主に脳損傷との関係から言語・思考・認知・記憶などの神経生理学的メカニズムに関する研究を行う研究者たちである。さらに一般的な言い方をするならば，人間の認知能力の神経系的基盤について解明しようとする研究者たち全般を指しているとも言える。

4. 応用認知心理学者

応用認知心理学者とは，文字通り，認知心理学を生活場面など実際的事態に適用していくことに重点を置いた研究を行っている人々である。その意味で，上の3種の研究者カテゴリーと，本質的に理論的基盤を異にしていることになるのかどうかは分からないが，研究者グループとしての分類は明らかに可能なのでここでは第4の研究者カテゴリーとしてあるのである。

認知心理学の影響が及んでいる心理学の諸分野

次に，認知心理学における考え方がその影響を及ぼしていると

プロトコル法……発話された言語的データ（プロトコル）を分析する方法である。意識に浮かんでいることをそのまま声に出して表現することを求める「発話思考法」はこの方法の典型例である。

二重課題法……同一被験者に対し2種類の課題の同時的遂行を求め，課題遂行成績における干渉効果の有無や大きさを指標にして，人間の情報処理特性を調べる方法である。とくに，「処理資源」の種類や「ワーキングメモリ」のサブシステムの種類の切り出しによく用いられる。これらについては後の該当章においてふれる。

エスノメソドロジー（の方法）……人間の行為の産出を，その人間がその行為を産出したときの「文脈」や「状況」との関連において詳細に跡づけ・記述することにより，人々の日常的な相互行為を支えている「エスノ（人々の）＋メソッド（やり方）」を明らかにしていこうという立場の方法論である。

数量解析的方法……複数の変数についてのいわゆる「多変量データ」を入手した際に，個別変数の分析ではなく，これら多数の変数を有効に利用した「多変量解析」の分析法が用いられる。具体的方法としては，たとえば，重回帰分析，主成分分析，因子分析，クラスター分析，等々といった具合に多くの方法が工夫されている。通常，大量の計算を行うことになるので，コンピュータを利用したプログラムの開発がなされている。

コンピュータ・シミュレーション法……人間の情報処理過程のモデルが構築された際に，人間を被験者とするのではなく，コンピュータ上でシミュレーションすることにより，そのモデルの妥当性を検討することがある。このような，コンピュータを用いたシミュレーション法を指す。

近年の認知心理学に見られる特徴

思われる心理学の他分野を挙げてみよう。たとえば，以下のような分野における研究はその典型であろう。

1. **社会心理学**における認知的アプローチ
2. **発達心理学**における認知的アプローチ
3. **臨床心理学**における認知療法
4. **産業心理学**におけるヒューマン・エラーの研究

認知心理学成立の歴史

学問としての「心理学」の出発

「心理学」をどのような学問と考えるのかということは，言い換えれば，「心」というものをどのように考えるのかということであろう。歴史を辿ると，まず主体が勝った立場から始まった。すなわち，われわれに直接経験される意識内容を取り扱う立場がとられた。

これは，今から130年ほど前にドイツの研究者であるヴント（Wundt, W.；p.17 図1-2参照）により，学問的に主張された。彼はライプチヒ大学の哲学部に「実験心理学」（experimental psychology）のための世界最初の心理学研究室を開設した。彼の「実験心理学」は，対象を「直接経験」に限るものである。すなわち，われわれに直接経験される意識内容を取り扱う立場がとられた。他方，「自然科学」は「間接経験」を対象としていると考えられた。

意識過程を取り扱うためには，観察者が自分自身の意識的経験を自己観察するしか手だてがない。このような自己観察法は，「内観」（introspection）と呼ばれている。ただし，この内観は，ただ漫然と自分の意識内容を自己観察するといったものではなく，

人間の「認知」の特質（1）
Topic ——情報は認知システムの中を「流れる」

　一口に「認知」と言っても，この働きが1つのプロセスのみに支えられているとは誰も考えない。しかし，これらの諸プロセスをバラバラに研究対象としていくことは，人間の知的活動を「パッチ的」に見ることになり，1人の人間が調和的に遂行している認知的活動を理解するのに適切な「パラダイム」となっているようには思われない。

　そこで，情報処理心理学では，「認知システム」の中を「情報」が流れると考えることにより，諸プロセスを個別にではなく，まとめて総合的・統合的に理解しようと試みている。細部はとにかくも，非常に大きく表現すれば，この情報の流れは，「感覚情報貯蔵」→「短期記憶」→「長期記憶」と進むと考えられている。

　「感覚情報貯蔵」とは，インプットされた感覚情報が最初に通過するプロセスである。ここには，インプットされた感覚情報がそのままの状態に近い形で，ごく短い時間保持される。次から次へと入力される刺激に対する一種の「バッファー」のような役割を果たす。ナイサー（1967）は，視覚の場合には「アイコニック記憶」，聴覚の場合には「エコーイック記憶」という呼称を用いている。いずれもカテゴリー化といったような処理のまだなされていない，急速に減衰する，入力刺激に近い情報を貯蔵するシステムである。その保持時間は，アイコニック記憶の場合には数百ミリ秒〜1秒以内，エコーイック記憶の場合でもせいぜいのところ数秒以内と言われている。この間にとくに注意が向けられた情報は，次の処理システムである「短期記憶」へと送られるが，そうでない場合には自然に急速に消失してしまう。あるいは，また，次から次へと入力されてくる後続の情報に取って換わられる。

　「短期記憶」は，上述のように，感覚貯蔵の中の情報でとくに注意が向けられ，それゆえ何らかの意味で「カテゴリー化」のような処理がなされた情報が転送されてくる，次の段階に位置する貯

認知心理学成立の歴史

これ以上は分解できない意識の「要素」を特定していくことを目指したものであった。すなわち，「分析的内観」とでも表現すべきものであった。ヴントによれば，内観によって見出される心的要素には，感覚的側面を担う「感覚要素」と，感情的側面を担う「単純感情」とに区別されるという。

このようにして見出された要素は，ちょうど，部品から機械が組み立てられていくように，これらを組み合わせることにより，あらゆるわれわれの意識経験を構成することができると考えられた。

このように，ヴントの心理学は意識経験を対象とする「意識心理学」であり，方法論的には分析的内観を用い，理論的には要素主義・構成主義に立っていると要約できるのである。

このようなヴントの心理学に対していくつかの批判が起こってきた。これには，大きく以下のような4つの流れを区別することができる。

1. われわれの意識内容を自己観察するという「内観」によって構築された「心理学」は，客観性に欠ける主観的・私的なものである。
2. われわれの意識状態には構成要素に分解できないものがある。
3. 構成要素を特定するといった「静的な」構造志向でなく，もっと「動的な」意識の機能を重視すべきである。
4. 「内観」では観察できない「無意識」の世界が存在する。

上の1の批判はワトソン（p.17 図1-3参照）の「行動主義心理学」，2の批判はウェルトハイマーの「ゲシュタルト心理学」，3の批判はシュトゥンプの「機能心理学」やデューイらの「機能的心理学（機能主義心理学）」，4の批判はフロイトの「精神分析学」

蔵所である。この貯蔵所の特徴の一つは，情報に対するその収容能力に一定の限界が存在するということである。したがってこの限界容量の範囲内で，短期記憶は感覚情報貯蔵より情報を受け入れることになる。短期記憶における持続時間は数十秒の範囲内と言われている。

　上述の限界容量の大きさすなわち短期記憶の中での一時の処理容量は，ミラー（1956）によれば，たとえば数字の列で言えば成人の場合で7±2項目程度に相当するという（不思議な数7±2）。この項目は，もちろん数字に限られるわけではなく，文字であっても，単語であっても，場合によっては，句や文であってもよい。すなわち，この種の，情報処理単位となっている項目は，「チャンク」と呼ばれている。このチャンクとしていかなるものを用いていくのか（チャンキング）の工夫次第で，容量の大きさを増していくことが可能となる。たとえば，文章で言えば7±2個の量であっても，文字で言えばその数十倍にも相当してくるのである。

　この「短期記憶」に関する最近の知見では，情報の一時的貯蔵のみならず，その情報に関する処理過程を含めた概念として，「短期記憶」を「ワーキングメモリ」と表現することもある。この点に関しては，後の章であらためてもう少し詳しくふれる。

　「長期記憶」は，保持時間が長く，容量がきわめて大きな貯蔵庫である。ほぼ無限の容量を有するとも言われている。短期記憶に保持された方法のうち，「リハーサル」（復唱；声に出さずに頭の中で何度も唱える）や「精緻化」（イメージ化したり，カテゴリーに分類したり，数字を単語に置き換えるといったように意味的な符号化を行ったりすること）を行った情報は，長期記憶に転送される。この長期記憶を，さらに，宣言的記憶と手続的記憶に分類したり，宣言的記憶をさらにエピソード記憶と意味記憶に分類したりすることもあるが，これらは，いずれも記憶のいかなる内容に注目する理論的立場をとるかによって区分された分類である。

のそれぞれの展開にとって重要な役割を果たしたのである。

行動主義心理学

「内観」にもとづく観察結果は客観性に欠ける主観的・私的なものであるから、そのことに対する批判が起こるのは当然の成り行きとも言える。この批判を受けて、次には、客体が勝った立場への移行が生じてきた。すなわち、われわれが直接目にすることができる行動を取り扱うというわけである。そのことにより、物理的刺激（S）と個体の反応（R）との間の一義的結合関係が問題とされ、われわれが直接観察できない内的過程は「ブラックボックス」として手をつけることをしなかった。そして、このS-R関係を明らかにすることにより、われわれの行動の予測を行ったり、われわれの行動をコントロールすることが期待されたのである。

このような考え方に立つ行動主義（behaviorism）にとって、「条件反射」の形成は、複雑な行動を考える上で大変好都合な原理であった。すなわち、これらの条件反射を単位としてさらにより複雑で種々にわたる習慣が形成されるとの考えがとられたのであった。しかし、このような考え方の行き着くところは、S-RのRというものを、終局的には、末梢的な筋の収縮・弛緩といった活動や腺の分泌活動にまで還元していくものとなり、いわば「砂を噛む」ような味気ない「心理学」が構築された。

ゲシュタルト心理学

ゲシュタルト心理学（gestalt psychology）は1910年代におけるウェルトハイマー（Wertheimer, M.；p.17 図1-4参照）が行った「仮現運動」の実験によってその歩みを開始した。この実験を手伝ったのが、ケーラーとコフカであり、これら3人はゲシュ

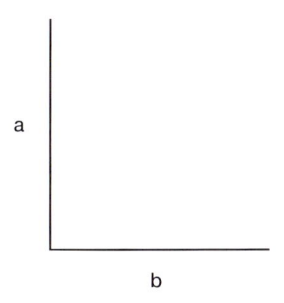

図1-1　ウェルトハイマーが仮現運動実験に用いた刺激布置

タルト心理学の唱道者としてとくに著名である。この仮現運動の実験は簡単に述べれば次のようなものであった。

ウェルトハイマーは，線aと線bを図1-1のように直角を成すような位置関係において，それぞれを短時間ずつ継時的に提示した。

彼はこのとき，線aと線bを提示する間隔時間を変化させてみたのである。この間隔時間が約30ミリ秒以下のときは線aと線bは同時的に見え，1つの直角図形として知覚される（同時時相）。また間隔時間が約200ミリ秒以上のときは，線aが単独で見えて消失し，次いで線bが単独で見えて消失するという知覚が生ずる（継時時相）。ウェルトハイマーが問題としたのは，間隔時間をこれらの間の約60ミリ秒ほどにした場合である。このときには，線aが見えこれがパタッと倒れて線bの位置に横たわるという知覚が生ずる（最適時相）。すなわち，1本の線が倒れるというなめらかな「運動」の知覚（純粋ϕ（ファイ）現象）が経験されるのである。この現象はどのように説明されるのであろうか。ヴント流の要素主義的考え方に立てば，線aと線bに対応した縦線と横線の感覚の存在は了解できるとして，両刺激の中間には何も刺激は存在しないのであるから，そこには何も感覚は生じないことになる。そうであれば，そこで見られた運動印象は一体いかなる感覚要素にもとづいていたことになるのであろうか。すなわち，この現象は，「意識（運動印象）が感覚要素から構成される」とする要素主義ではうまく説明できない現象ということになる。

そこでゲシュタルト心理学者は，もともと原初的・本来的に存在するものは要素のほうではなく，むしろ要素を超えた全体のほうであると考えた。すなわち，線aと線bを別々の刺激と考える

Topic 人間の「認知」の特質（2）
――認知過程には「ボトムアップ処理」と「トップダウン処理」の両者が関わる

　認知心理学が人間の情報処理を考える際に強調したもう一つの特徴は，「トップダウン処理」(top-down processing) の重要性である。それまでの伝統的・典型的考え方では，人間が外界の刺激を「受動的に」取り入れ，その取り入れた刺激内容（一種の「データ」と考えられる）に依存した処理が進行すると考えることが支配的であった。この種のいわゆる「ボトムアップ処理」(bottom-up processing) は，「データ駆動型処理」(data driven processing) と呼ばれている。これに対し，認知心理学は，刺激要因だけでなく，過去の経験や期待などその人が内的に保持している要因の働きに強い関心を抱いている。すなわち，生体の側が「能動的に」情報処理に関わっていくプロセスの重要性に着目しているのである。この種の「トップダウン処理」は，「概念駆動型処理」(conceptually driven processing) と呼ばれている。もちろん，実際の情報処理プロセスは，上述の2方向の処理の片一方だけが関わるというものではない。われわれが何かを認知するときには，必ずデータ駆動型処理と概念駆動型処理の両方が作用しているのである。当然のことながら，両者の関わり方のウエイトは状況によってダイナミックに変わるということはあろう。伝統的な心理学においても，研究の中には，今の表現で言えば「概念駆動型処理」にあたる働きについて着目しているものも見受けられる。しかし，どちらかと言えば，これらの研究は「散発的」なものであり，人間の情報処理の一般的枠組みの中に位置づけて考えているものではなかった。いずれにしても，認知心理学的立場から見れば，伝統的心理学は，データ駆動型処理ばかりに注目しており，概念駆動型処理への目配りが不十分であったということであろう。

　データ駆動型処理と概念駆動型処理の両者が作用していることを理解するための例を p.25 Topic に挙げておく。

認知心理学成立の歴史

のではなく，両者をひとまとめにした全体としての刺激を考え，仮現運動はこのような1つの全体がもつ構造特性から生じた，要素には還元され得ない全体的性質（彼らはこの性質を「ゲシュタルト」と呼んでいる）として取り扱われたのである。

機能心理学および機能的心理学

ブレンターノやシュトゥンプらは，ヴントの心理学は単に感覚等の意識内容を対象としているにすぎないとし，心理学というものはむしろ知覚作用のような心的機能を明らかにすべきものだと考えた（高橋，1999）。このような考え方は「作用心理学」（Aktpsychologie）（ブレンターノ）とか「機能心理学」（Funktionspsychologie）（シュトゥンプ）と呼ばれている。

他方，19世紀末から20世紀初頭にかけて，アメリカにおいて心的現象というものを生物学的欲求の充足のため生体が全体として環境に適応しようとして発動する手段の一つとみなし，心理学というものは心の本体や構成（ヴント流の考え方）よりもむしろこういった環境への適応を目ざす心の機能というものを重視すべきだという考え方が現れた（藤永，1981）。この種の考え方に立つ心理学は「機能的心理学（機能主義心理学）」と呼ばれており，ドイツを中心に活動が行われた前述の「機能心理学」（functional psychology）とは区別されている。この立場の代表的研究者としてはデューイやエンジェルらが良く知られている。

しかしながら，機能心理学にしろ機能的心理学にしろ，いずれも人間の心というものをその「構造」よりも「機能」に求めている点では軌を一にした考え方である。「機能」という言葉の解釈にはさまざまな内容が可能である（吉田，1973）。そう考えると，機能心理学と機能的心理学両者の分岐は，「機能」というものを

図1-2 W. ヴント
（1832-1920）

図1-3 J. B. ワトソン
（1878-1958）

図1-4 M. ウェルトハイマー
（1880-1943）

図1-5 S. フロイト
（1856-1939）

見る・聞くといった知覚作用のような働きに置いたのか，環境に対する適応のような働きに置いたのかということにより生起していたとも言えまいか。

精神分析学

精神分析学（psychoanalysis）はフロイト（Freud, S.；p.17 図1-5参照）が主張を始めた，無意識の世界も視野に入れた，人間の心に関する理論である。

この立場では，人間の心の構造を，イド，自我（エゴ），超自我（スーパーエゴ），の3層から成ると考えている（図1-6）。

「イド」（id）とは，本能的な性欲動に関するエネルギーのようなものであり，「快楽原則」の支配のもと，無意識の層に属すると考えられている。

「自我」（ego）とは，上述のイドが，後述する「超自我」やその人を取り巻く環境（外界）との間で摩擦を起こし「精神力動的」葛藤に陥った際に，これを「現実原則」に照らして調整するような働きをする系（機関）と考えられている。

「超自我」（super-ego）とは，幼児期に両親から受けたしつけや，両親との同一視にもとづいて内的に自ずと形成された一種の「道徳律」のことであり，イドの働きを抑え込む働きをする。一般的に言えば，この働きは無意識の層でなされることになるが，意識の層に昇ってなされることもある。

上に見てきたような，無意識の深層をも含む人間の心の構造を想定する精神分析学では，この構造内容をどのようなものとして構想するかで，いろいろな分派的な理論が出現し得ることになる。たとえば，「ユング派」とか，「アドラー派」とか，「新フロイト派」等々といった派がよく知られている。

〔超自我（super ego）〕
- 道徳性・良心（社会や両親のしつけによる社会規範や価値観）
- イドの本能的衝動（性的・攻撃的行動）を抑える
- 自我の機能を現実的なものから理想的，道徳的なものにする
- 快楽ではなく完全を望む

〔自我（ego）〕
- 人格の中の意識的・知性的側面
- 現実原則に従う（適切な現実的対応）
- 二次過程（心の中の対象と外界の対象を区別する過程）
- 認知機能（内的，外的現実を論理的に把握する）
- 執行機能（意志決定し，行動に移す）
- 統合機能（判断や行動に統一性をもたせる）
- 防衛機能（統合性を維持するための自己防衛）

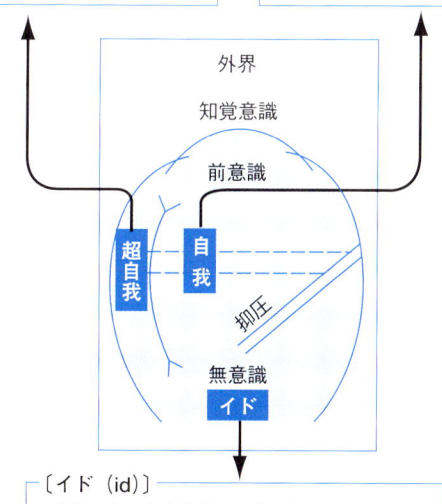

外界
知覚意識
前意識
超自我　自我
抑圧
無意識
イド

〔イド（id）〕
- 人格の中の無意識的・原始的側面
- 心的エネルギー源，行動の源
- 生得的な本能的衝動
- 幼児期に抑圧されたさまざまな概念
- 快楽原則に従う（快を求め，不快を避ける）
- 非論理的（行動を統一する機能をもたない）
- 反道徳的（価値・道徳的判断をもたない）
- 一次過程（緊張除去のためのイメージの形成）

図1-6　フロイトの性格構造論（瀧本，2003を一部改変）

認知心理学成立の歴史

認知心理学の台頭

上述のような心理学に対する考え方の4つの大きな潮流のうち、ゲシュタルト心理学、機能心理学、精神分析学の3つは、とくに目立って看板を掲げることはなくとも、当初の主張のあるものは「常識化」し、またある部分は別の考え方の中に取り込まれ、今日も大きな影響を残していると言える。

行動主義から認知心理学へ

認知心理学が起こる前、すなわち20世紀前半にその活動が目立ったのは、「行動主義」の立場であった。

この「行動主義」は、その唱導者のワトソン（Watson, J. B.）の出身地であるアメリカでとくに盛んであった。これは、当時のアメリカにおける、学問に対する精神的風土であった「客観的な『サイエンス』志向」に強く合致したからと思われる。この立場では、「観察可能な」刺激 S（Stimulus）と「観察可能な」反応 R（Response）との間の直接的関係（S-Rという図式を用いる）を明らかにすることが目指された。

しかしながら、このアメリカにおいてさえも、1950年代以降になると、行動主義は衰退の道をたどらざるを得なくなった。すなわち、行動主義は、その発想の「ストレートさ」と「固さ」によって、たとえば、問題解決といったような複雑な認知的機能に関する説明原理としてはあまりにも単純なものでありすぎた。また行動主義者たちは論理実証主義（科学理論の正当性を実証的な観察的事実に求める考え方）の厚い鎧でガッチリと身を固めすぎたために、かえって発想のための自由な身のこなしができなくなっていた嫌いがあった。

しかし、20世紀後半になると、ネズミの迷路学習といったよ

Topic 人間の「認知」の特質（3）
——情報処理過程には「系列型」と「並列型」とがある

　人間の情報処理について，認知心理学が注目した特徴の中で，とくに近年になり強調されているものを最後にもう一つ挙げておこう。それは，複数の情報処理のプロセスが，オーバーラップしたり相互作用を持ったりするという考え方である。

　これまでの伝統的な考え方では，ある処理が完全に終了してから次の処理が始まり，これがまた完全に終了したときにその次の処理が始まるという，言わば「完全系列型」とでも表現できるような処理が暗黙裡に想定されていたように思われる。しかし，最近の認知心理学では，前の段階の処理がまだ完全に終了していない途中からこれに並行して次の段階の処理が作動し始め，この処理が終了しないうちにまたその次の処理が始まるといったような，言わば「波状並列型」とでも表現できるような処理もまた存在することが注目されている。このような処理は「カスケード型」の処理と呼ばれている。とくに，近年の神経科学の領域における「ニューラルネットワーク・モデル」（他の領域では「コネクショニスト・モデル」という名称が用いられている）における「並列分散処理」の考え方は，このカスケード型処理の典型例であろう。

　人間の情報処理過程を考える上で，これらの「完全系列型」の処理タイプと「カスケード型」の処理タイプの両者のいずれのタイプが該当すると考えたらよいのであろうか。しかし，この点については，上のような二者択一的な問題のとらえ方をするべきでない。なぜなら，情報を処理する課題場面の条件内容にしたがって，ある種の条件のときには「完全系列型」の処理が用いられ，また別の条件下では「カスケード型」の処理が用いられているといったことが考えられるからである。ということは，どのような条件になるとどちらのタイプの処理が用いられるかといったことのダイナミズムが明らかにならない限り，研究遂行上は，その入口に立ったにすぎないということであろう。

　両タイプの処理の例をp.29とp.33のTopicに挙げておく。

認知心理学の台頭

うな活動についてよりも,むしろ,創造性とか言語の理解といったような複雑な人間の認知的活動について,もっと知りたいという研究的関心のシフトが生まれてきた。それに加えて,たとえばポッパー(1972)のように,科学的な観察といえども,観察者があらかじめ持っている概念や理論から完全に抜けきることはできないことを指摘し,論理実証主義という鎧へのそれまでの信仰に対し疑念を投げかける人々が現れてきた。

このような考え方の出現は,心理学をより自由にするのに役立った。行動主義のかたくなさや制限は捨てられ,もっと柔軟にしてしなやかなアプローチへの道が開かれた。すなわち,直接に観察することが不可能な人間の内的過程における要因も研究対象としていく考え方が受容される研究風土が生まれたのである。そのような流れに後押しされて,「認知心理学的」な考え方が表舞台に登場してきたのである。

それゆえ,現在は,主体が勝った立場(意識主義)と客体が勝った立場(行動主義)との中間のような立場(認知心理学)がとられている。すなわち,行動主義ではむしろ「ブラックボックス」として残された人間の内的過程としての情報処理過程というものを,積極的に問題としている。

このように,「こころ」を科学する学問は,大きく言えば,図1-7のように,主観主義パラダイム(意識主義心理学)→客観主義パラダイム(行動主義心理学)→主観主義パラダイム(認知心理学)といった「往復運動」をしているように思われる。しかしながら,認知心理学は,主観主義パラダイムの揺り戻しのように見えても,行動主義という客観主義パラダイムの経験を十分に踏まえ,その経験から獲得された知恵を十分に生かすことによって,

図1-7 「こころ」を科学する学問の歩み

Topic 「弁証法」と「止揚(しよう)」

これらの言葉は哲学の分野における専門的用語である。一口に弁証法と言っても、ソクラテスやプラトンやアリストテレスなどの古代の弁証法や、カントやヘーゲルの近代の弁証法や、マルクスやエンゲルスの唯物論的弁証法や、その他の弁証法など、さまざまな考え方が存在するようであるが、本書での言及はヘーゲルの弁証法にもとづいたものである。

【弁証法（Dialektik）】

ヘーゲルは、思考は対立・矛盾する側面（「契機」という表現を用いる）を統一（「止揚」という表現を用いる；後にふれる）することによって、より高次なものへと発展し、移行するものであることを主張した。すなわち、ヘーゲルの弁証法は「正立（テーゼ）・反定立（アンチテーゼ）・総合（ジンテーゼ）」（「正・反・合」とも言う）という三段階の論理的構造を有する展開過程として理解されている（『哲学事典』（平凡社, 1971）の「弁証法」にもとづく）。

【止揚（アウフヘーベン；aufheben）】

事物が発展する場合、低い段階のすべてが捨て去られ、高い段

認知心理学の台頭

主観主義パラダイムを受容しているのであるから，単なる以前のヴント流の意識主義への回帰とはまったく異なるものである。すなわち，単なる往復運動というよりは，一つ「止揚」された「弁証法的発展」の形態をとっていることになり，その意味で「螺旋階段」を昇りつつ発展していると表現されるべきものであろう（p.23 Topic 参照）。

認知心理学への先触れ

歴史的に見て，いつから認知心理学が始まったのかということについて，その厳密なる時期を特定しようとする議論に多くのエネルギーを費やすことは，あまり生産的な作業とは思われない。一般的に言えば，20世紀後半に認知心理学が始まったとされている。しかしながら，もちろん，この種の考え方がある時期から初めて突然に出現するといったようなことはあり得るはずもなく，かなり以前から同種の考え方は存在した。

以下に，その種の考え方を3つ選び，挙げておくことにしよう。

1. ジェームズ（1890）の記憶に関する考え方

ジェームズ（James, W.）は自らデータを収集する実験屋というよりむしろ理論家肌のアメリカの研究者であったが，彼によれば，記憶は心理的現在の経験内容に関する「1次記憶」と心理的過去の経験内容に関する「2次記憶」の2種類に区別できるという。記憶をこのように大きく2区分する彼の考え方は，現在でも，どちらかといえば妥当なものと言うべき分類である。なぜなら，その後になって認知心理学が盛んになりはじめた際に，いわゆる認知心理学者と言われる人々によってとられた考え方に良く合致するからである。たとえば，著名なアトキンソンとシフリン（1968）の言うところの「短期記憶」と「長期記憶」の区分は，

階が突然に現れるのではなく,前者に含まれていた内容が新しい連関と秩序の中で新しい事態に同化しつつより高い段階に引き上げられるというヘーゲル流の統一の過程を指し「止揚」と呼んでいる(『哲学事典』(平凡社,1971)の「止揚」にもとづく)。

Topic 「データ駆動型処理」と「概念駆動型処理」の両者が作用していることを示す例

長期記憶内の情報は一般に上位概念から下位概念に向けて階層的にネットワーク化された状態で貯蔵されていると考えられている(図1-8)。

たとえば図1-8のようなネットワークにおいて,上位にある概念の活性化が下位の概念に伝播していくことにより,判断が進行したり,連想が生起したりすることになる。このようなネットワーク化した構造を有する「一般的な知識」(ネットワーク化しているということはそれだけ「一般性」を有しているということに他ならない)は「スキーマ」(後出)と呼ばれている。

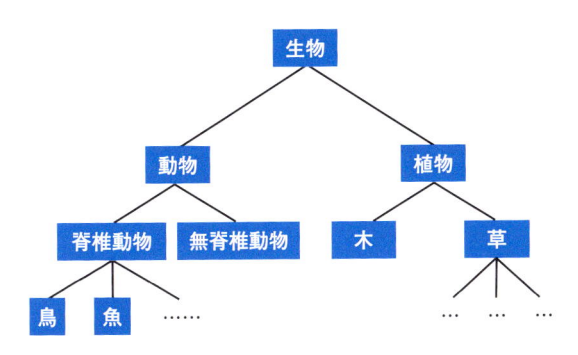

図1-8 長期記憶内における概念の階層的ネットワークの例

これらの働きに関する彼らのさらに踏み込んだ考察はおくとしても，大きく言えば，ジェームズの考え方とほぼ重なる概念と言ってよい。すなわち，アトキンソンたちよりおよそ80年も前に同じような発想がすでにジェームズによりなされていたのである。

2. バートレット（1932）の記憶に関する研究

バートレット（Bartlett, F.）は行動主義が隆盛をきわめていた頃からすでに，今の目で見れば，まさに，認知心理学そのものと言える視点に立った記憶研究を実施している。

彼は，物語がどれくらいよく記憶されているのかといったことを，たとえば2年半後に再生させることにより検討する，といった類の研究を行ったのである。その結果，被験者が再生した物語は，被験者自身が持っている体制化された既有知識（バートレットはこれをスキーマと呼んだ）の影響を受けて，結果的にその内容がその人流に変容されたものとなっていることを見出した。すなわち，再生された物語の内容はスキーマによって，言わば自分に理解できるような形に「再構成」されているというわけである。このような記憶の生き生きとした動的なプロセスを取り扱う研究は，当時の主流の記憶研究には見られなかったものである。当時の記憶研究は，たとえば「無意味綴り」を記憶材料として連合とか痕跡とかいったようなプロセスを実験室実験の中で取り扱う，言わば，生き生きとした感じからはむしろほど遠い，固く静的な視点に立ったものであった。このような当時の主流の行き方においては，当然ながら，記憶者に与えられる外的刺激設定条件（刺激材料や保持時間等）と再生成績との間の関数関係といったような直結的リンクが問題とされることになる。そのことは，記憶というものを刺激Sの「受動的」なプロセスとして構想しているこ

今，何かの刺激（データ）が与えられたとする。まず，このデータの分析が進行する。すなわち，このデータをそのネットワーク内に収納している「スキーマ」が活性化される。このプロセスはデータ駆動型処理（ボトムアップ処理）である。このようにしてあるスキーマが活性化されると，今度はこのスキーマにあてはまる情報が与えられた刺激（データ）の中にさらにないかどうかを検索するような，言わば「仮説演繹的」と表現できるような分析が進行する。このプロセスは概念駆動型処理（トップダウン処理）に相当する。

　もう一つの例を挙げておこう。たとえば，「太郎は病院から，ほっとした顔つきで出てきた」というような断片的文章を理解するためには，文章自体の「データ駆動型処理」に加えて，その文章の背後にある背景状況の文脈的知識（「病院から出てくる前になされた診察において，太郎は自分もしくは家族の病状について説明を受け，その内容が不安をぬぐい去るものであった」など）による「概念駆動型処理」にもとづく補強が必要である。このような，日常において繰返し生起する事象系列において共通する内容に関する知識構造（すなわちスキーマ）は，とくに「スクリプト」と呼ばれている。

とに他ならない。

これに対し，バートレットは，「スキーマ」という記憶者の内的過程に存在する要因を重視し，記憶というものをスキーマにもとづいて記憶者が「想像的に再構成」するプロセスと考えている。ということは，記憶というものを記憶者が刺激 S に「能動的」に働きかけるプロセスとしてとらえていることに他ならない。この考え方は，まさにその後の認知心理学が声を大にして主張している内容と同じものである。また，バートレットが採用した物語という刺激材料や，数年にわたって保持される記憶の内容といったものは，われわれの日常生活事態に密着した自然な状況設定となっている。このような設定は，実験室といった人工的場面のみで成立する認知メカニズムの知見ではなく，日常生活のような自然な状況や文脈というものを大事にし，その中で成立する「生き生きとした」認知メカニズムの知見を得ようとする認知心理学の立場に，非常に良く重なっていることになる。

3. トールマンのネズミの迷路学習の研究

さて，認知心理学への先触れとして，最後に，もう一つ実に興味深い例を挙げておこう。それは，行動主義であるにもかかわらず，得られた結果に対し，現在の認知心理学とあまり変わらない発想に立つ解釈をしている研究例である。

行動主義では，「行動」を研究対象とするのに際し，人間とその他の動物との間に一線を画することなく連続したものとして考えていたので，被験体としてよくネズミを用いていた。そして，たとえば，ハル（Hull, C. L.）を中心とする行動主義研究者たちのグループは，厳密な行動主義の用語を用いて，ネズミの迷路学習を説明することを試みていた。そのときとられた発想は，ネズ

Topic 「完全系列型処理」の例

今，小説本を手にし，その表紙に大きく印刷された1つの単語から成るタイトルを見ている場面を考えてみよう。このとき「完全系列型」処理が進行したとすれば，次のようになろう。まず，第1段階の処理として，その単語を構成している個々の文字およびその結果としての単語全体の形態に関する符号化が行われる。この第1段階の処理が完全に終了した後に，今度は第2段階の処理としてその符号化された単語を「内的辞書」（人が内的に記憶していると想定されている一種の語彙集）に照合するという作業に移行する。そしてこの第2段階が完全に終了してはじめて該当単語の意味に関する検索という最終段階の処理が開始されることになる。この一連の流れを図示すると下の図1-9のようになる。

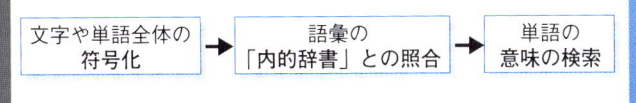

文字や単語全体の符号化 → 語彙の「内的辞書」との照合 → 単語の意味の検索

図1-9 「完全系列型処理」の概念図

ミの走行時の刺激（S）としての迷路の状態と，反応（R）としての特定の筋肉運動との間にいかなる「連合」が成立するのかといったものであった。

しかしながら，同じ行動主義者であったトールマン（Tolman, E. C., 1932）は，現代の研究趨勢の目で見れば大分「柔らかな」発想に立つ研究者であった。トールマンは，ネズミを用いて迷路学習の訓練を行った。次に同じネズミをこのとき用いた迷路を水で満たした状況下でゴールまで泳がせてみた。このときの環境条件（S）は，当初のものとは大分異なっていることになる。また，このときの反応（R）である泳ぐことと走行することとでは，用いられる筋肉運動の内容は大分異なってこよう。しかしながら，ネズミは非常に良い成績を維持したのである。この結果はどう解釈したらよいのであろうか。

ここで，トールマンは「行動主義者らしからぬ」柔軟な発想をしている。すなわち，迷路を何度も走るうちに，ネズミはその個体内に「認知地図」を次第に形成していったのだと考えた。この認知地図は客観的に観察可能なSでもRでもなく，ネズミの「内的過程」に存在する変数であり，言ってみれば迷路の「内的表現」（すなわち「認知変数」の一種）と考えられる。S-R結合はこの認知地図を媒介させているので，Sの内容とRの内容が大分異なっても依然として維持可能であるというのであろう。それゆえ，ネズミはいったん「認知地図」ができあがれば，壁環境であろうと水環境であろうと，走ったり泳いだりしてすばやく目的地にたどり着くことができる。この場合，「学習」の進行は，「認知地図」成立の進行と同値のものとして考えられていることになる。

また，彼の行った「潜在学習」（図1-10）の実験結果も，Sと

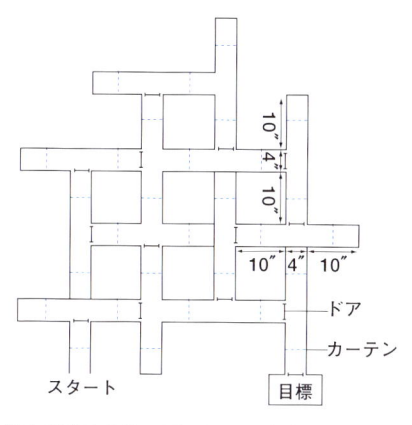

図1-10 潜在学習の実験に用いられた迷路（トールマン，1932）

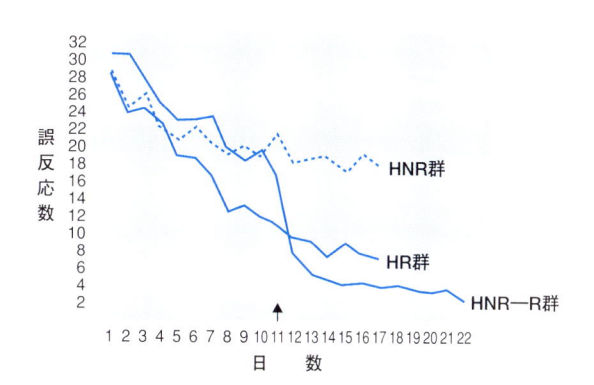

図1-11 潜在学習の実験結果（トールマン，1932；篠原，1998に一部加筆）
HNR群ははじめから目標に餌はない。HR群は学習のはじめから報酬を与えられた。HNR－R群は10日目まで報酬はなく，11日目から報酬を与えられたグループである。HNR－R群の誤りは11日目以降急速に減少している。HNR群の結果より，餌のない条件では顕在的な形での学習の進行は認められない。しかしながらHNR－R群の結果を見ると，餌のない条件のときも何らかの学習が潜在的に進んでいたことがわかる。この潜在的な学習は内的過程の中で進行していたと考えざるを得ない。

R の関係だけでは説明することが困難であり,そこに何らかの内的過程の関与が示唆されるものであった(図1-11参照)。

いずれにしても,トールマンは行動主義者であったけれども,その行動主義者にしても,ネズミの迷路学習の説明に際し,内的なプロセスや内的な構造を想定せざるを得なかったのである。トールマンのこのような立場は,刺激 S(Stimulus)と反応 R(Response)との間に,有機体の側の変数 O(Organism)を媒介させる考え方なので,行動主義の中でも「新行動主義」(S-O-R という図式を用いる)と呼ばれている。

情報処理心理学とコンピュータ

心理学とメタファー

心理学史的に見ると,技術の分野での新たな進歩や他の学問分野で新たな発想があると,それを人間の「心」の働きを考える際のメタファー(metaphor;隠喩)として用いることが多々ある。

たとえば,記憶の領域において,「記憶」というものをどのようなものと考えてきたのかを見てみよう。これには,多様なメタファーの存在が感じとれる。歴史的に言えば,まず,「蠟引き書字板」が挙げられよう。その後に発明された「蓄音機」や「テープレコーダ」も同じ類のメタファーであろう。これらのメタファーは,いずれも,記憶の働きというものを何らかの記録材質に対する一種の「刻み込み」として考えていることを示している。比較的近年になり,認知心理学が盛んになってくると,メタファーに「図書館」が加わってくる。すなわち「貯蔵庫」としてのイメージである。記憶はあたかも図書館における「必要な本を出し入れしたり,書架に整理して貯蔵したりする働き」にたとえて考え

Topic 「カスケード型処理」の例

　p.29 Topic の例と同じ場面であっても，単語によっては，あるいは，そのときの課題状況によっては，タイトルの単語を構成する全文字の符号化の処理が完了する前に，次の処理段階の「内的辞書」との照合作業が開始され，この照合作業がまだ進行している間に，さらにその次の処理段階である単語のある程度の意味に関する検索がすでに開始されているといったような処理の進行を考えるほうが適切な場合もあろう。この種の処理が「カスケード型」と呼ばれるものである。この一連の流れを図示すると下の図1-12のようになる。

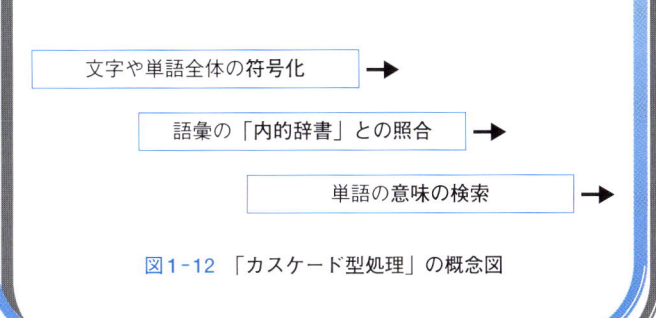

```
┌─────────────────────────┐
│ 文字や単語全体の符号化      │ ➡
└─────────────────────────┘
        ┌─────────────────────────┐
        │ 語彙の「内的辞書」との照合  │ ➡
        └─────────────────────────┘
                ┌─────────────────────────┐
                │ 単語の意味の検索          │ ➡
                └─────────────────────────┘
```

図1-12 「カスケード型処理」の概念図

られているのである。ここから、記憶における検索の働き（図書館における分類様式に従って所定の本を探し出す作業）や、スキーマの形成（図書館の本が一定の分類様式に従って整理して書架に収納されていること）や、長期記憶における情報のネットワーク化（図書館の分類様式は大分類→中分類→小分類と、ネットワーク化されている）等々の働きが想定されてくる。また、短期記憶もしくはワーキングメモリの働き（新刊本や予約された本や返却直後の本がカウンター後ろの作業用書庫に一時的に置かれる）などのイメージも生み出されてくることになる。

情報処理心理学と「コンピュータ・メタファー」

情報処理心理学では、コンピュータを人の認知システムのメタファーとして用いている。すなわち、コンピュータの機能と人の認知システムとの間には重要な類似があると考えた。その対応関係を図示すると図1-13のようになる。

まず、外的に情報が存在する。人ではこれが刺激として目や耳などの感覚器を通して内的過程に取り込まれる。コンピュータでは入力装置（感覚器に相当）の文字読み取り装置（視覚に相当）や音声読み取り装置（聴覚に相当）を通してコンピュータ内に取り込まれる。人では次にこれらの入力刺激の処理が進み、知覚や記憶や思考や判断といった活動が行われる。

コンピュータでも同様にまず入力刺激の符号化が行われ、次いでこれらの情報は必要に応じて記憶装置や演算回路や論理回路に送られ、所定の処理を受けることになる。人では、情報処理過程における活動結果は、口や手といった身体の反応器（効果器）を介して、いわゆる「反応」としてわれわれの目に見える形で表出される。そしてある種の内容は「記憶」の中にとどめられること

人の場合

情報 ➡ 目や耳などの感覚器 ➡ 知覚 記憶 思考 判断 ➡ 口や手などの身体の反応器 ➡ 反応

コンピュータの場合

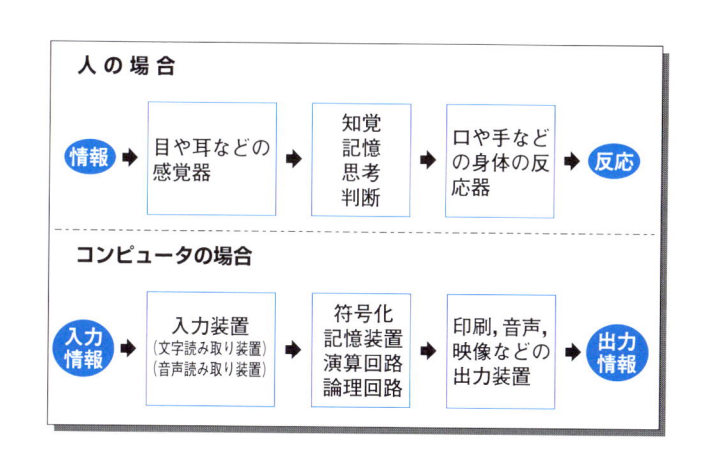

入力情報 ➡ 入力装置（文字読み取り装置）（音声読み取り装置）➡ 符号化 記憶装置 演算回路 論理回路 ➡ 印刷, 音声, 映像などの出力装置 ➡ 出力情報

図1-13 「人」の情報処理システムと「コンピュータ」の情報処理システム

になる。他方、コンピュータではさまざまな演算結果は、印刷や音声や映像化などの出力装置（反応器に相当）を介して、いわゆる「アウトプット」としてわれわれの目に見える形で表出される。また、ある種の内容はコンピュータの記憶装置の中にそのまま残されることになる。

このように整理して並べてみると、「人間」の情報処理システムと「コンピュータ」の情報処理システムとの「相似的」対応にあらためて驚かされるのである。

認知心理学と認知科学

「認知心理学」の分野の他に似たような呼称を用いる「認知科学」（cognitive science）という分野がある。両者はどう異なるのであろうか。認知科学と言ったときは一口で言えば、「知識」というものに関する「学際的な学問」と説明することになろう。すなわち「生物」のみならず「機械」をもその対象とし、これらが生み出す「知」というものについて研究する総合的な学問領域を指しているのである。ということは、それがいかなる側面を取り扱うものであれ「知」というものに関連している研究課題をその一部として包含している学問分野はすべて認知科学の礎石の一部を担っていることになる。それゆえ、認知科学は、「心理学、コンピュータ科学、哲学、言語学、文化人類学、大脳生理学……などの『部分的集合』であり、各部分のウエイトはいろいろに変化するものである」といったような表現をすることも可能であろう。

上に見られるような、「認知科学」の有する学際的な特質は、必然的に、この学問分野の目指す先にいくつもの視点を生み出すことになり、結果としてその成果内容も「多様化」していくこと

になる。

　他方,「認知心理学」では,その関心は機械に見られる「知」そのものにはなく,「人間における『知』」を理解することに強く収斂している。すなわち人間における知覚・言語・記憶・学習・思考といった働きをその研究対象としているのである。そのとき,人間の認知的活動を考え,理解していくための研究姿勢として,人間には「情報を処理する内的過程」が存在すると想定し,そこに理論構造の基礎を求めていく立場と,その種の内的情報処理過程を想定せずに,むしろ人間が置かれている環境の側の状況や文脈といったものを大事に考え,そこに理論構築の基礎を求めていく立場とに,二大別できるように思われる。現代心理学の専門家たちを見渡すと,多くの研究者たちは後者の立場や主張を理解しつつも,自分たち自身の研究的姿勢は前者に立っている人々が多いように思われる。筆者も例外ではない。それゆえ,本書は前者の立場より著されている。本書のタイトルが『情報処理心理学』となっているのは,このような事情を反映している。

●●●● 参考図書

守 一雄・都筑誉史・楠見 孝（編著）（2001）．コネクショニストモデルと心理学――脳のシミュレーションによる心の理解　北大路書房

　わが国の心理学者の手になるコネクショニストモデルについての解説書。レベルは高く，入門者の次のレベルの読者を想定している。

太田信夫・多鹿秀継（編著）（2000）．記憶研究の最前線　北大路書房

　最近の記憶研究におけるトピックを取り上げ，その理論的背景を解説するとともに，関連する諸実験についてもふれている。心理学以外の隣接領域における記憶研究を紹介しているコラム欄は，記憶現象のより深い理解に役立つ。

レイ W. J.　岡田圭二（訳）（2003）．エンサイクロペディア心理学研究方法論　北大路書房

　サイエンスとしての心理学について基本的な考え方を，方法論を中心に総合的に論じている。初学者には少し難しいかもしれないが，心理学の専攻生には参考になるところが大である。

リチャードソン　J. T. E.　西本武彦（監訳）（2002）．イメージの心理学――心の動きと脳の働き　早稲田大学出版部

　最新の神経生理学的研究を引用しつつ，認知の問題を考えるときに避けては通れないイメージについて分かりやすく展望している。

メタ認知

　自分の認知過程を認知し、行動を操作する心の働きは、「メタ認知」と呼ばれている。

　日常生活の中でわれわれが行為を遂行する際には、常に何らかの意味で、メタ認知的な情報を利用している。目標に照らして自分が今とっている行為はこのままで良いのか、変えるとすればいつどのように変えるのか、自分の力でとれる手段は何かといったことを考えることは、すべて、メタ認知と深く関連している。この種のメタ認知的能力が十分に機能することが、われわれの「人間らしさ」や「生活の質」を高め、維持する上できわめて重要な条件となる。

　それだけに、メタ認知に関する少しでも多くの研究知見の蓄積が求められている。メタ認知は認知心理学の諸領域の中でも今後さらにその理論的・実証的研究の重要性が増していく領域の一つと言える。

若葉さんともう一人の若葉さん

　今，初心者マークをつけている若葉さんが車を運転しているとしよう。そして，そのときの状況を以下のように記述できるとする。

(a) 彼女は，教習所の先生に，いつも車の前方に注意が集中してしまい，側方とくにサイドミラーをあまり見ないと注意されていたことを思い出している。

(b) 彼女の乗っている車は中古車で，教習所の車に比べハンドルが少し右に片寄る「クセ」がついていることを常に頭に置いている。

(c) 彼女は，車は角を曲がるとき後輪は前輪より内側にくるので，脇にいる自転車などを巻き込まないように気をつけなければと考えている。

(d) 彼女は，車を運転しながら考えごとをすると注意をそちらにとられるので，考えごとはほどほどにしようと思っている。

(e) 彼女は車のバッテリーがあがらないようにと思い家を出たが，時間が十分にあるので，多少遠回りをして良い景色の見られる道路を選ぼうと考えている。

(f) 彼女は，時として，車が少しセンターライン寄りの走行になることに気づいている。

(g) 彼女は自分の車の運転が何となく粗っぽいような気がしている。

(h) しかし，彼女は景色を楽しむため山道を通って多少遠回りをしても，車の事故を起こすことなく十分に家まで戻れると予想している。

(i) 彼女は，あまり車の速度を出し過ぎないように気をつけてい

Topic 「メタ認知」研究の例

メタ認知の研究では、「メタ認知」を「自分が学習した内容を将来どの程度想起できるのかということを『自分で予測する能力』」と定義するケースが多い。シモンとビョーク（2001）は、手を動かすという「運動学習」の場面におけるこの種のメタ認知について検討を行っている。

そのとき彼らは、一定パターンの手の動きを学習するための練習過程に、次のような2つの条件を設定した。

1. ブロック型練習

学習すべき手の運動パターンがA, B, Cという3種類から成るときに、Aを学習してから、Bを学習し、それがすんでからCを学習するといったブロックに分けて学習するタイプの練習（一定の学習規準までやらせる）。

2. ランダム型練習

運動パターンA, B, Cを、たとえば、A→C→A→B→C→………といった具合にランダム順に遂行し、A, B, Cそれぞれがすべて一定の学習規準に達するまで練習する。

シモンらは、これら2種類の練習の仕方の違いが、運動学習におけるメタ認知能力に何らかの差異をもたらすのかどうかを吟味したのである。

実験は、48名の心理学コースの大学生がデスク型コンピュータのキーボード上の5つのキーを一定の順序で、一定の時間（目標運動時間）に出来るだけ近づけて押すことを学習することであった。学習すべきパターンとしては、たとえば「9→5→1→2→3」といったようなもの3種類が、また目標運動時間としては900ミリ秒, 1,200ミリ秒, 1,500ミリ秒の3

る。

(j) 車のエンジンの調子が悪くなったので、彼女は途中から引き返すことにした。

　上の(a)〜(j)までの記述において、「車」を若葉さん自身と考え、「彼女」を若葉さん自身の頭の中の（心の中の）もう一人の若葉さんと考え、これらの言葉に置き換えてみよう。上の例は、心の中のもう一人の若葉さんが若葉さん自身の状態を認知し、活動がうまくいくように操作している状況の描写となる。ここで記述されている内容は「自分の認知過程を認知し、行動を操作する心の働き」を表現している。このようなわれわれの心の働きは「メタ認知」（metacognition）と呼ばれている。

　上の例はあまりに「車」っぽいので、次のように置き換えて表現してみよう。このとき、若葉さんの心の中のもう一人の若葉さんは「若葉さん」と表現することにする。

(a) 若葉さんは、いつも真っすぐ前を見て歩くことから、そばに誰がいるか気づきにくい傾向があることを「若葉さん」は知っている。

(b) 若葉さんは年をとってきたせいか、最近、他の人に比べ途中で休む回数が増えていることに「若葉さん」は気づいている。

(c) 人は歩く際に手を前後に振るので、後の人に当たらないように気をつけなければならないと「若葉さん」は考えている。

(d) 人は散歩しながら考えごとにあまり熱中しすぎると、注意をそれにとられ道を間違えたりするので、ほどほどにしようと「若葉さん」は考えている。

(e) 若葉さんは散歩に出かけたが、帰りに多少遠回りをして紅葉の景色を楽しんでくるため、疲れないように前半はゆっくり歩こ

種類が用いられた。各試行ごとに、キー・プレスが正しかったかどうか、当該試行の実際の運動時間（ミリ秒）、実際の運動時間が目標運動時間より速かったか遅かったかの差の時間（ミリ秒）、という3種類の情報がディスプレイ上に提示され、学習者にフィードバックされた。

その上で、学習者は正しい試行が5試行済むごとに（全部で6回）、もしこれ以上の練習がなく1日後にテスト試行が行われると仮定した際に、「そのときの目標運動時間と実際の運動時間とのズレ時間（ミリ秒）がどうなるか」を主観的に判断し、その値をキーにより入力するよう求められた。この主観的判断値が小さいということは、将来のテストに対する自信がそれだけ大きいということを意味する。さらに、これらの主観的判断値が求められた翌日に、学習者が前日の運動学習をどれくらい保持しているのかが調べられた。これは、前日の、目標運動時間と実際の運動時間とのズレ時間を主観的に判断したのと同様な方法で行われた。加えて、実際の運動時間も測定された。

この実験により得られた結果は、以下の2つのことを明らかにしている。

1. ブロック型練習条件による学習者は学習進行時にはランダム型練習条件による学習者よりすぐれた遂行成績を示したが、24時間後の保持テストにおいてはより劣った遂行成績を示した。この結果は、運動技能の分野でよく知られた「文脈-干渉効果」に合致したものとなっている。すなわち、「学習材料や学習課題が干渉し合うような状況下で与えられると、学習の進行は妨害されるが、学習成立後における保持や転移は強められる」という効果に整合した結果となったというわけである。

うと「若葉さん」は考えている。

(f) 若葉さんが時として歩行がふらつくことに「若葉さん」は気づいている。

(g) 若葉さんの歩行が何となくあぶなっかしいと「若葉さん」は思っている。

(h) しかし，散歩に出かけた若葉さんが多少遠回りをして景色を楽しみながらもどってくる体力は十分にあると「若葉さん」は予想している。

(i) 若葉さんの歩き方があまり速くならないように「若葉さん」は気をつけている。

(j) 若葉さんの心拍に乱れが生じてきているように思えたので，「若葉さん」は途中から引き返すことを決心した。

　上の(a)～(j)までの記述は，大きく2つに分けることができる。一つは「知識的側面」を示すものであり，(a)～(e)がこれに該当する（p.45 Topic 参照）。もう一つは「活動的側面」を示すものであり，(f)～(j)がこれに該当する（p.47 Topic 参照）。

若葉さんの「若葉さん」の『若葉さん』

　「メタ認知」についてのこれまでの考え方を延長していくならば，若葉さんの心の中には，若葉さんを見つめる「若葉さん」（メタ認知）の中のもう一人の『若葉さん』（メタ・メタ認知？）が存在することになるのであろうか？　すなわち，「メタ認知の認知」をする働きであり，「認知の認知の認知」とでも表現できるようなものである。このように考えていくと，「たたみ込み的」に「何次ものメタ認知」が存在することになる。若干強引な記述の感もあるが，上のことは少なくとも「理論的」には（あるいは

2. 24時間後の保持期になされる,「将来行われる自分の遂行成績の予測」(メタ認知) に関しては, ランダム型練習条件による学習者のほうが, ブロック型練習条件による学習者よりも, より正確であった。すなわち, ブロック型練習条件による学習者は, 学習進行時の好調な遂行経験により, 24時間後の保持期になされる,「将来行われる自分の遂行成績の予測」の内容を, 過大に評価してしまった (過信状況になっていた) と考えられる。他方, ランダム型練習条件による学習者は, そのようなことはなく, 自分の実際の学習状態をより現実的に考え, より正確な予測を行っていたというわけである。

Topic メタ認知の「知識的側面」とフラベル (1987) の分類

メタ認知の知識的な側面を扱っている本文の(a)〜(e)を, フラベル (1987) の分類に対応させてみるなら, 下のようになる。

(a) 個人内での比較にもとづく知識
(b) 個人間の比較にもとづいて成立する知識
(c) 人間の認知に関する一般的な知識
(d) 課題の性質が人の認知活動に及ぼす影響についての知識
(e) 目的に適合した方略の使用についての知識

「論理的」には）可能となるのである。

しかし，現実には，1次のメタ認知（もしくは，せいぜい2次までのメタ認知？）を想定することで十分とも思われる。このときには，たとえある程度の高次のメタ認知的機能が存在したとしても，その内容は1次のメタ認知の内容に十分写影されており，とくに独立した高次のメタ認知というものを想定する必要がないとでも考えることになろうか。

● メタ認知の研究法

「メタ認知」研究に特有な「効果的な」研究法といったようなものは存在しないが，メタ認知に関連した研究においてよく用いられている研究法2つについてふれておこう。上述のようにこれらの方法は何もメタ認知的研究に特化して用いられているといったものではなく，他のさまざまな心理学的研究においても使用されているものである。

自己評定法

自己評定法とは，被験者が何らかの課題を遂行する前もしくは遂行している最中もしくは遂行後に，同一課題を将来（たとえば1日後）行った際に獲得できると思う成績について被験者自身が予測し，評定する方法である。将来における自分の課題遂行能力に関する「予想」がどれだけ正確かどうかを調べることができるので，「メタ認知的モニタリング」へ接近していると考えられる。この方法は，実験者にとっても被験者にとってもその使用が比較的容易なこともあり，多くの研究において採用されている。

発話思考法

発話思考法とは，課題を解いている間に頭の中に生起した思考

Topic メタ認知の「活動的側面」と三宮（1996）の分類

　メタ認知の活動的側面を扱っている(f)～(j)を，三宮(1996)の分類に対応させてみるなら，下のようになる。

(f) 認知についての「気づき」に関する内容
　　→メタ認知的モニタリング
(g) 何となく分かっているといった「感覚」に関する内容
　　→メタ認知的モニタリング
(h) 課題遂行に関する「予想」に関する内容
　　→メタ認知的モニタリング
(i) 認知の「目標設定」に関するもの
　　→メタ認知的コントロール
(j) それまでの方針を変更する「修正」に関するもの
　　→メタ認知的コントロール

内容をそのままの形で時系列に沿って詳細に言語報告させる方法である（p.49 Topic 参照）。通常は被験者にその逐一の内容を「口頭で」報告させ、これを録音する方法がとられる。文字に起こされたこの種の言語報告は「プロトコル」（protocol；発話記録）と呼ばれている。このプロトコルを「適切に」分析すれば「メタ認知」に関する知見が手に入るというわけである。しかしながら、せっかくプロトコルを入手してもこれをどのように分析していけば「メタ認知」に接近できるのかの具体的手段については、文字通り「研究者の腕前」にかかっているところがあるので、誰にでも容易に使いこなせる方法とは言えない。

記憶の領域におけるメタ認知の研究

「メタ認知」という働きは、当初は、子どもの記憶能力の発達の問題を取り扱う研究者たちによって、とくに注目された。たとえば、フラベルら（1970）の子どもを被験者とした実験はその典型例としてよく知られている。この実験は、いろいろな学年の子どもたちのいる学校まで実験室車両をトレーラーで引いていって、その中で行われた。被験者の子どもたちは、保育園、幼稚園、小学校2年、4年の児童たちであった。これらの子どもたちの一人ひとりに自分の記憶についての予測をさせたのである。子どもたちは、「オモチャ」や「はさみ」や「家」といった対象が描かれた絵を次のような方法で提示された。

1. まず、1枚の絵（たとえば「はさみ」の絵）を見せる。
2. 次に、実験者が「はさみ」と言って、その絵を覆い隠す。
3. さらに、子どもに「記憶によってその名を声に出して言えるか」を尋ねる。
4. 2枚、3枚……と水平に並べる絵を順次1枚ずつ増やして、同

Topic 「発話思考法」を体験する

「発話思考法」における言語報告は通常は口頭でなされるが，複数の被験者の言語報告を一時に入手したり，多くの被験者の録音データを文字に起こす作業の大変さから，簡便的方法が用いられることがある。これは，被験者自身に対し，自分の行った思考内容の逐一を記述表現することを求める方法である。次の「ハノイの塔」と呼ばれる問題の解決について，読者自身この簡便法を体験してみてもらいたい（図2-1）。

次の問題を解いてください。その際に，頭の中で考えたことをすべてその順序に従って記述してください。

> 中央に穴のあいた大・中・小の3つの円盤と，3本の棒がある。円盤は必ずどれかの棒の位置に置かなければならない。今3つの円盤は(a)のように棒1に置かれている。これを(b)のようにすべて棒3に移動したい。ただし，以下の規則を守って移動しなければならない。
>
> 1. 1回に1つの円盤しか移動できない。
> 2. 棒の一番上にある円盤しか移動できない。
> 3. すでにある円盤の上に，それより大きい円盤を置くことはできない。

どのようにすれば移動できるだろうか？

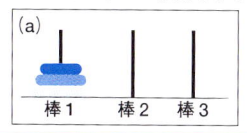

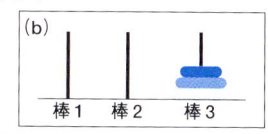

図2-1 「ハノイの塔」問題

メタ認知の研究法

様のことを行う。

5. 子どもがこれ以上は無理だと考えるまで（最大10枚まで），上のことを続ける。

6. 上の実施に際し，絵に描かれた物体の名を思い出して言うときは，左に置かれた絵から右に向かって言うように指示された（すなわち，順序の必要性を強調した）。

その結果は，表2-1に示されている。

記憶方略とメタ認知の発達

フラベル（1970）は，子どもの記憶課題遂行能力が年齢と共に上昇するのは，「本人にとって課題遂行に適切な方略を用いる力」（すなわち一種の「メタ認知能力」）がついてくるからであると考えている。たとえば，子どもは，やがて記憶すべき内容を「リハーサル」するようになる。そのことにより，符号化して長期記憶に送り込みやすくなることになる。また，再生しつつある内容を維持しやすくすることにもなる。大人になると，場合によっては，さらに凝った方略を用いることもある。たとえば，人によっては，簡単な「記憶術」的方法を用いるかもしれない。この種の「記憶術」的方法の例を2つ p.51 Topic に挙げておく。

記憶課題の遂行に見られる個人差は，「記憶方略」の採用状況にもとづくところが大と考えられている。記憶材料が物体の名称とか単語とか数字といったようなものではなく，知らない人の「顔写真」のような場合には，いわゆる「記憶方略」と呼ばれている方法が使いにくい。それゆえ，このような条件下では，個人差が出にくくなると言われている。

「既知感」と「喉まで出かかる現象」

「既知感」（feeling of knowing；FOK）はメタ認知的知識の一

表2-1 フラベルら（1970）の実験結果

測度	学年			
	保育園 (14)	幼稚園 (28)	2年生 (28)	4年生 (14)
実際に再生できた絵の平均枚数（枚）	3.50	3.61	4.36	5.50
再生できると予測された絵の平均枚数（枚）	7.21	7.97	6.00	6.14
10枚できると予測した児童（%）	57	64	25	21
9枚以下の再生を予測した児童の平均誤差枚数（枚）	1.66	1.60	0.81	0.91
9枚以下の再生を予測した児童のうちで実際の再生数と一致した児童（%）	17	0	48	36

（　）内は被験者数。

Topic　簡単な「記憶術」的方法の例

【素人風なもの】

- 数字を物の名前に置き換える。

［例］　14　→　石
　　　831　→　野菜
　　　84　→　橋

【ベテラン風なもの】

- 多くの単語をその順番と共に記憶する
→鈎語法……まず，1から10までの数に対応する「鈎語」を記憶する。

メタ認知の研究法

種と考えられている。たとえば，今，「認知の認知」を表す単語を思い出す必要があったとしよう。人によっては，ここで「既知感」と表現されているような感じを持つかもしれない。すなわち，その単語を知っているはずであるという感覚はあるが，それが「『メタ認知』という単語」であることが思い出せない状況である。言い換えれば，「その単語を再生はできないけれど，もしその単語を含む単語リストを見せてくれるなら，これだと指し示すことができるのに」といったような感じとも表現できよう。

似たような現象に「喉まで出かかる現象」（tip-of-the-tongue phenomenon；TOT現象）というものがある。これは，「既知感」とも関連していようが，もう少し思い起こす対象についての知識が存在しており，「既知感」とは別個の現象として区別されている（p.55 Topic 参照）。

メタ認知研究の困難さ

われわれは，メモの文章を知覚し，内容を理解し，パソコンのキーボードを打つ。しかし，このような行為を支えているメカニズムそのものを意識するということはない。ということは「メタ認知」の働きを，われわれが取り扱うことができる形で取り出し，われわれが意識できるように知識化する作業には大変な困難が伴うことを意味している。そのことは，結局のところ，実際に使用可能な研究方法が，自己評定法や発話思考法に限定されてくることにもよく象徴されている。

ここで一つ注意しておくべき事柄がある。それは，メタ認知に限らずわれわれの認知過程一般に接近できるツールとして，誰でも使用しようと思えば使用できる方法に「内観法」があるということである。この方法は，自分自身の意識的経験を自己観察する

```
イチ    →市場  ┐
ニ      →荷    │   対応する数詞と同じ韻
サン    →山    │   を踏む単語を鈎語とす
 ⋮            │   る。
              │   これをまず覚える。
ジュー  →銃   ┘
```

【例】

```
覚える語            イメージを作る
 主婦     →   市場で買い物をしている主婦の姿
  船      →   港における船の荷おろし作業の情景
 果物     →   山を背景にした果樹園の景色
  ⋮              ⋮
```

⬇

鈎語に対して覚えるべき単語をイメージの中で結合しておけば、これらの鈎語により、まさに「鈎」で引き寄せるように該当語を想起することが可能となる。

⬇

「2番目は？」→「『ニ』だ」→「『荷』だ」→港における船の荷おろし作業の情景のイメージが浮かぶ→「『船』だ！」

⬇

このとき重要となるのは、「鈎語に対して覚えるべき単語をイメージの中で結合させる」作業を、記憶者本人が一生懸命に行うということである。

図2-2　記憶術の例

方法であるが，このような方法により，認知過程に関する一般的知見を推論するためには，それなりの方法論的スキルに習熟しておくことが前提となる。たとえば，この「内観法」を広義にとらえれば，前述した自己評定法も発話思考法も内観法の一種と言ってもおかしくない。なぜなら，自己評定法では，そのとき自分自身に意識される経験内容をもとにして，将来における作業の遂行成績を評定するわけであるから，「内観法」もしくは「内観のためのツールを提供する方法」以外の何ものでもない。また，発話思考法は，自分自身の意識経験である頭の中でめぐらされた思考過程の逐一を文字通り自己観察して言語表現するのであるから，これは，「内観法」そのものと言える。これらの方法が実用に供されるために共通する必要条件は，これらの方法の使用やこれらの方法によって得られる「材料」の分析等の取り扱い方について，しかるべき訓練やスキルを不可欠としているということである。

しかしながら，一般的に言えば，「内観法」は誰にでも使用可能である。そこから，注意すべき「問題」が生ずることになる。すなわち，人々には，自分自身や他人の行動やこころの働きを理解しようとして（「説明」しようとして），自分自身の思考や行動での個人的記憶に強く依存した「説明原理」を自分なりにこしらえてしまう傾向が生じるのである。いわゆる，「俗流心理学」とか「素朴心理学」とか「常識心理学」と呼ばれているものの誕生である。これらの心理学と，「学問としての心理学」との間には，明瞭な一線が画されていることを，十分に認識すべきである。

「メタ認知」研究の重要性

上に見てきたように，

1. 認知過程を知る決定的方法の欠如

Topic　喉まで出かかる現象

　思い出そうとしているものは出てこないが，その対象に関連した属性については何かを知っているという現象のことである。たとえば，それが「メタ認知」という用語であったとしよう。「メタ認知」という単語そのものはまったく思い出せないが，

1. その単語の表記上の属性である「片仮名2文字がついている」こと
2. その単語の意味上の属性である「通常よりももう一段高いレベルを意味する」こと

などについては分かっているといった経験は，この現象に該当しよう。

課題　フラベルら（1970）の実験結果を考察する

前出の表（表2-1）から何が言えるのか。
その内容を記述（箇条書き）してみよう。

（解答例はp.57に示してある。）

メタ認知の研究法

2. 認知過程に関して，多くの人々が持っている考えには，不正確なものが多い

といった認知過程研究をめぐる一般的特質は，当然のことながら，「メタ認知研究の困難さ」をもたらすことになる。がしかし，このことは即「メタ認知研究の重要性」を損なうことにはつながらない。なぜなら，当然ながら，認知過程の中にも「意識的に」遂行されるようなものもある。このような高次な認知過程に対しては，それが意識的遂行であればあるほど，それだけしっかりとした研究的アプローチが可能となる。メタ認知的問題のすべてとは言わないまでも，研究可能な問題も十分に存在しているのである。

また，日常生活の中でわれわれが行為を遂行する際には，常に何らかの意味で，「メタ認知的」な情報を利用している。目標に照らして自分が今とっている行為はこのままで良いのか，変えるとすればいつどのように変えるのか，自分の力でとれる手段は何かといったことを考えることは，すべて，「メタ認知」と深く関連している。そしてこのような情報をベースに立てられた何らかの「プラン」にもとづき，われわれの「自発的」行為は成立している。重要なことは，このような「メタ認知的情報」の正確さ，不正確さにかかわらず，上のメカニズムが成立しているということである。ということは，それだけメタ認知の働きは，われわれの日常生活にとって，重要な役割を果たしていることにほかならず，少しでも多くの研究的知見の蓄積が求められているのである。それゆえ，「メタ認知」は認知心理学の諸領域の中でも，今後さらに理論的，実証的研究が求められている領域の一つと言える。

「メタ認知的能力」が十分に機能し，この種の正確な情報を使用できるか否かは，われわれの「人間らしさ」や「生活の質

> **解答例** **フラベルら（1970）の実験結果（表2-1）より分かること**

1. 「実際に再生できた絵の平均枚数（枚）」について

   学年が高くなるにつれて，大きくなっている。

2. 「再生できると予測された絵の平均枚数（枚）」について

   保育園生，幼稚園生に比べ，2年生・4年生で小さくなっている。

3. 「10枚できると予測した児童（％）」について

   保育園生や幼稚園生の半数以上が10枚とも再生できると答えている。このような状況では，前章でも言及したように，人間が再生できるのはせいぜい7±2枚と考えられる。それゆえ，10枚再生できると「思える」のは，人の記憶能力について過剰な評価をしていることになる。しかし，このような評価も2年生以上になると4分の1以下になっている。すなわち，2年生くらいになると，自分を含めた人の記憶能力の評価が正確になってくると考えられる。

4. 「9枚以下の再生を予測した児童の平均誤差枚数（枚）」について

   子どもが再生できると予測した枚数と，実際に再生できた枚数の差（誤差枚数）が，学年が高くなるにつれて小さくなっている。

5. 「9枚以下の再生を予測した児童の内で実際の再生枚数と一致していた児童（％）」について

   予測枚数と実際の再生数が一致した子どものパーセントは，保育園生・幼稚園生に比べ，2年生・4年生で相当に大きくなっている。すなわち，2年生・4年生で「メタ認知能力」が大になっている。

6. 「全体」について

   2年生ぐらいになると「メタ認知能力」が十分に発達する。

(quality of life；QOL）を高め，維持する上できわめて重要な条件となる。このようなことを考えると，「メタ認知」に関する今後の研究は，「メタ認知」の性質やメカニズムに関する基礎的研究と共に，

1. 「メタ認知」の障害の問題
2. 「メタ認知」と加齢との関係
3. 「メタ認知」と教育との関係

など実際生活場面と密接に関連した研究が盛んになっていくと思われる。これら3つのカテゴリーにおける研究例をいくつか表2-2に示しておく。

表2-2 実際生活場面と密接に関連した「メタ認知」研究の例

「障害」の問題	
1. 精神病理学的な研究	例:「統合失調症」の「注意障害」の研究
2. 神経心理学的な研究	例:「脳損傷」による「注意障害」の研究
「加齢」との関係	
1. 発達心理学的研究	例:子どもは「起こり得る事態の予測能力」を何歳頃から持つようになるのか、といった問題
2. 老年における認知的機能の変化の研究	「認知的老年学」(cognitive gerontology) の分野における諸問題
3. 上の2つをドッキングさせた類の研究	「認知的加齢」(cognitive aging) の問題
「教育」との関係	
1. 認知カウンセリング(市川, 1993)の研究	例:学習における方略の転移を促す働きかけに関する研究
2.「メタ認知的」視点より学習環境を見直す研究	例:「生涯学習」を支える「自己教育力」を維持しやすくするための社会的環境に関する研究

●●●● 参考図書

森　敏昭（編著）　21世紀の認知心理学を創る会（著）（2001）．認知心理学を語る1　おもしろ記憶のラボラトリー　北大路書房

　人間の記憶に関する興味深い研究テーマを取り上げ，それらの「濃い内容」を「語り」の雰囲気の中で平易に解説している。第10章で「メタ認知」（清水寛之著）を扱っており，さらなる理解のため参考となる。

処理資源

3

　「処理資源」とは人間が情報を処理するためには何か「エネルギー」のようなものを必要とするという基本的な仮定にもとづいた概念である。人間の心理活動の能力には一定の限界があり，無限に多くのことはできない。たとえば文字の黙読と数字の暗算を同時に実行することは困難である。認知心理学では，こうした処理の限界を考えるとき，処理資源という概念を使う。この概念は同時的に遂行される課題の成績差を説明する際に有効と考えられている。

　本章では，処理資源という「認知変数」を想定することの必要性と有効性について論ずるとともに，この変数の抱える問題点についても考えてみたい。また，現在もっとも評価できる資源理論と筆者が考えるウィッケンズの多重資源理論を取り上げ，その最近の研究結果も含めた分かりやすい解説を試みる。

🔵 エンジンとガソリン

「処理資源」(processing resource) とは人間が情報を処理するためには何か「エネルギー」のようなものを必要とするという基本的な仮定にもとづいた概念である。すなわち,これは,情報を処理する機構の存在とは別個にこの機構を動かすエネルギー源(「資源」)が存在するという考え方であるから,素朴といえば素朴な考え方である。なぜ素朴かというと,この発想は典型的な「機械メタファー」にもとづいていると考えられるからである。言わば,これは,エンジンとガソリンの関係である。

1942年にペッパー (Pepper, S. C.) は『世界仮説』という独創的な哲学書を著した。その中でペッパーは「ルート・メタファー」(root-metaphor;根本隠喩) という概念に言及している。ペッパーによれば,哲学,美学,価値などにかかわる分野におけるあらゆる世界観はいくつかの基本的な(根本的な)隠喩にもとづいて発想されているという。ペッパーの時代までに見出され得た主要なルート・メタファーには4つのものが挙げられる。すなわち,①フォーミズム,②機械論,③有機体論,④文脈主義である (p.63 Topic を参照のこと)。心理学における学説を構築するということも,一種の「世界仮説」を構築することと同じであるから,これまでの理論的立場もこれら4つのルート・メタファーに関連づけて考えることが可能であろう。ここで問題とする「処理資源」は,認知心理学の用語ではあるが,そのメタファーは「機械論」的なものと思われる。

🔵 「処理資源」と「注意」

「原稿執筆を行うためには『注意』をその作業に向けることが

Topic 心理学とメタファー

ペッパーの指摘した4つのルート・メタファーについてもう少し詳しく見ておくことにしよう（ペッパー, 1942；1973）。

フォーミズム（formism）

これは,「各種の存在の間の類似性と差異性」（フォーム）にもとづいて世界を構想する立場である。心理学において, 人々の「類似性」や「差異性」に着目し, 多様な対象を少数のカテゴリーに分類していく考え方はフォーミズムにもとづいていると言えよう。

機械論（メカニズム；mechanism）

これは, さまざまな「機械」をモデルやアナロジーとして用いて世界を構想する立場である。心理学で言えば, たとえば, ヴントの要素主義心理学は各種の心的経験の間の類似性と差異性にもとづいて, これ以上には分解し得ない基本的要素へと還元する発想であるから,「フォーミズム」に深く関わると共に, これらの要素（部品）の結合によりあらゆる心的経験（機械）が構築できるという点で「機械論」にもとづいているとも言える。

有機体論（オーガニシズム；organicism）

これは, すべての事象は有機的プロセスと考え,「有機体」としての世界を構想する立場である。部分よりもどちらかと言えば全体が重視される立場である。心理学で言えば,「ゲシュタルト心理学」の発想は, この意味において, 有機体論の色彩を帯びているところが見受けられるのである。

もう一つの特徴は, 生物としての有機体が有する「成熟」というメカニズムを発想上で志向するということである。ピアジェの発達段階説やマズローの欲求階層説などの考え方は「有機体論」の典型例と言える。

文脈主義（コンテクスチャリズム；contextualism）

これは,「文脈」をなす事象の集まりとしての世界を構想する立場である。心理学で言えば, 認知心理学の中に,「認知が『状況に強く依存』する側面があること」を大事に考えていこうとする立場がある。

必要である」という日常的表現を聞いたときに，われわれはごく素直にその内容を理解できる。このときの「注意」（attention）とは一体何なのであろうか。

ラメルハート（1977）によれば，人が1種類以上の処理活動に自らの「処理資源」の配分を行っているときに，「これらのものに注意している」ということになるという。そうであれば，ここで言う「注意」が「処理資源」のことであると考えて差し支えないことになる。

注意研究は認知心理学の重要なテーマの一つであり，これまでに実に多くの研究がなされているが，この歴史的展開を整理することは，本書の目的とするところではない。しかし，「処理資源」と「注意」とが概念的に重なるとなれば，注意の有する特性を整理する必要がある。「注意」研究の専門家がどう考えるかは別にして，筆者の目で見て「処理資源」を考える上で重要と思われる注意の特性をまとめてみると，表3-1のようになる。

次に，表3-1において整理した1～3の「注意」の有する特性を，その順番において「処理資源」に合わせて表現し直すと，表3-2のようになる。

●「処理資源」の概念を整理してみると

ここで，表3-2に見た諸特性をふまえ，「処理資源」の概念について整理しておくことにしよう。

人間の心理活動の能力には一定の限界があり，無限に多くのことはできない。たとえば文字の黙読と数字の暗算を同時に実行することは困難である。認知心理学では，こうした処理の限界を考えるとき，「処理資源」という概念を使う。「処理資源」というの

表3-1 「注意」の有する特性

1. **選択的側面**（チェリー，1953；ブロードベント，1958；トリーズマン，1964；モレイ，1984）
人ごみの中から知人の顔や声を特定して，見たり聞いたりできるということ。

2. **分割的側面**（ウィッケンズ，1991）
外国映画の画像を見ながら，同時に字幕を読むといった複数の課題を同時的に進行することができるということ。

3. **容量の存在**（カーネマン，1973；ノーマンとボブロウ，1975）
同時的に多くの課題を十分に遂行することが困難であることから分かるように，心的努力には一定の限界が存在するということ。

表3-2 「注意」特性に対応した「処理資源」の特性

1. 特定対象の情報処理に用いられる資源の量は，その情報処理特性に従って変化する。
2. 複数の情報処理課題には，「配分方針」に従って資源が各課題に配分される。
3. 利用可能な資源の量には一定の限界があり，複数の情報処理課題に必要な資源の合計がこの限界を超えると，パフォーマンスの効率が低下する。

は、日常の用語で言えば、容量・注意・努力といった概念に近い内容で、タイム・シェアリングの有効性を説明するための媒介変数である。すなわち、入力と出力の間を媒介する変数として想定されたものである。この概念は同時的に遂行される課題の成績差を説明する際に有効と考えられている。図3-1は、このことを模式的に示したものである。

今、図3-1に示されているように、課題Aと課題Bを同時的に遂行し、かつ課題Aは十分な遂行成績となることが求められたとしよう。もし、課題AがA_1のように難しいものであれば、こちらに処理資源の多くが消費されてしまうので、課題Bに回せる処理資源の量は不十分なものとなろう。しかし、課題AがA_2のようにやさしいものであれば、課題Bにも十分な処理資源が回せるのである。このように、情報処理能力について考える場合、処理資源の概念が重要な役割を果たす。

● 資源は1つ？ それとも複数？

資源理論では最初に、人間には限界のある資源が1種類だけ存在するという考えが提唱された。筆者がこれまでに進めてきた説明は、説明の便宜上この「単一資源理論」(single-resource theory)にもとづいてなされている。

しかし、単一資源理論の予測に反する実験結果がその後報告されたため、これが修正され、今日では「多重資源理論」(multiple-resource theory)が提唱されるようになっている。多重資源理論では、単一資源理論とは異なり、特定の処理メカニズムに対し、特定の資源が存在すると仮定している。たとえば音を聴取する活動に消費される資源と手を動かす活動に消費される資源とは異な

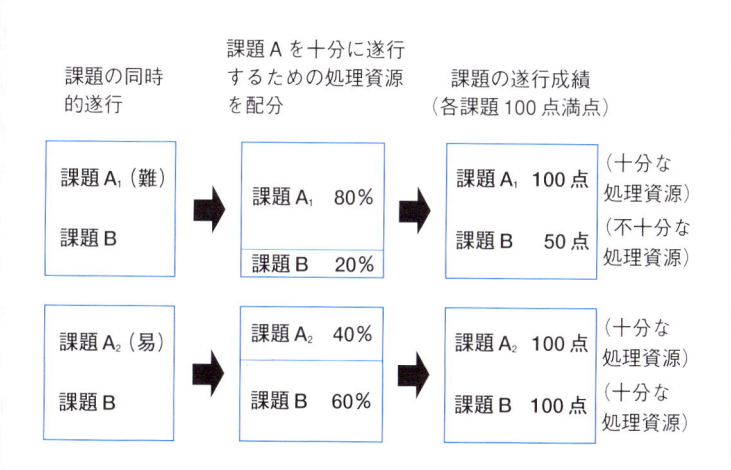

課題の同時的遂行	課題Aを十分に遂行するための処理資源を配分	課題の遂行成績（各課題100点満点）	
課題 A₁（難） 課題 B	課題 A₁　80% 課題 B　20%	課題 A₁　100点 課題 B　　50点	（十分な処理資源） （不十分な処理資源）
課題 A₂（易） 課題 B	課題 A₂　40% 課題 B　60%	課題 A₂　100点 課題 B　100点	（十分な処理資源） （十分な処理資源）

図 3-1　課題の難易度と処理資源の配分との関係

るとされている。すなわち，資源の競合は各資源において独立に生じ，2つの課題間で消費される資源が別々のときには，両者の遂行成績は独立したものとなるという。

多重資源理論

　多重資源理論の出現は，「二重課題法」（dual task method；図3-2）という研究法の開発と密接に連動している。この方法は，被験者に二重課題すなわち異なる内容の2つの課題を同時的に遂行することを求める方法である。たとえば，
1. 視覚的に提示された映像の内容の理解を求める課題
2. ヘッドフォンから聴覚的に聞こえてくる文字列を読む音声が単語か非単語かを判断してできるだけ速くスイッチを押す課題
という2つの課題が二重に課せられるといった事態である。

　このとき，両課題間に「干渉効果」（interference effect）が見られるのかどうかを手がかりにして，認知過程に見られる諸特性が探索されることになる。すなわち，ある課題に対して，
1. 干渉効果を示した課題があれば→これら両課題の遂行に対しては，何らかの意味で共通している要因が関わっていたと考える
2. まったく干渉効果が見られなかった課題との間では→これら両課題に共通して関わる要因は介在していなかったと考える
というわけである。

　われわれの日常生活は，通常は，多重課題事態となっている。たとえば，
1. テレビ映像視聴時にテロップで地震情報が流れ，これを同時的に読む
2. 外国映画鑑賞時にセリフの翻訳文が画面の端に提示され，こ

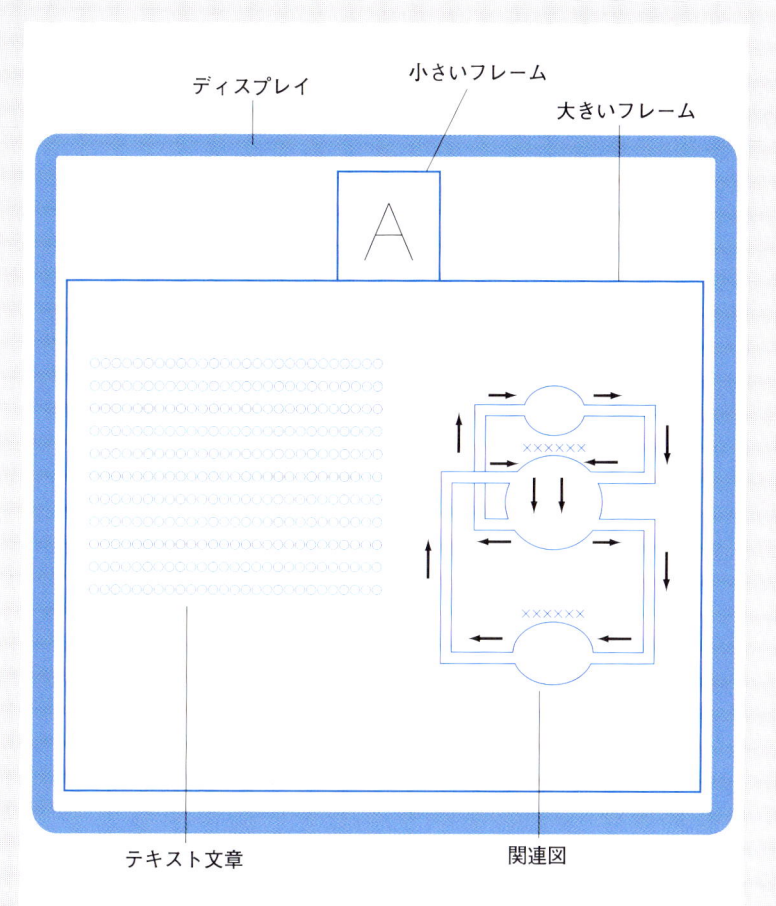

図3-2 二重課題法の例

この図は，視覚的に同時に提示された2つの課題を並行して遂行することが求められた「二重課題法」を示している（ブリュンケンら，2002の実験より）。二重課題のうちの第1課題としては，映像ディスプレイ上の大きいフレームの中に示された学習教材からの知識獲得が課された。第2課題としては，映像ディスプレイ上の小さいフレームの中に示されたアルファベット文字「A」の色の変化をできるだけ速く検出することが課された。ブリュンケンらはテキスト文章を上図のように視覚的に提示した場合と，音声により聴覚的に提示した場合とで，第1課題の知識獲得の効率性に差が見られるのかどうかを第2課題の遂行成績（反応時間の大きさ）により吟味している。

多重資源理論

れを同時的に読む

という具合である。

これまでに言われている多重資源理論としては，たとえば，

1. 左右の大脳半球間では処理資源が異なるとの考え方（フライドマンとポルソン（1981）など）
2. ウィッケンズの考え方（ウィッケンズ（1984）など）

などが代表的なものである。現在までのところ，筆者の知る限りにおいて，ウィッケンズのモデルを超える精緻なものは見当たらない。多少長い年月を経ているとはいえ，デリック（1988）の心的負荷の研究結果を見ても，ウィッケンズのモデルが今なおもっとも評価できる理論と筆者には思われる。そこで，以下において，ウィッケンズ（1984）の考え方について簡単にふれる。

ウィッケンズの多重資源モデルの原型

ウィッケンズ（1984）が多重資源を想定するに至ったのは，「二重課題法」によって得られた実験結果の中に，単一資源理論で説明するのが困難なものが存在したからである。表3-3はその種の内容をまとめてみたものである。

彼の提案した多重資源理論では，資源は3つの次元により構造化されている。すなわち

1. 処理ステージ
2. 処理コード
3. 処理モダリティ

である。これらの関係は，「直方体モジュール図」（？）とでも呼べるような模式図によって分かりやすく表現されている（図3-3参照）。このモデルでは，資源はこの3つの次元で分割されてお

表3-3 「二重課題法」によって得られた単一資源理論と異なる結果

1. 難易度の無関連性（difficulty insensitivity）

二重課題法の実験条件で2つの課題のうち一方がより困難になり、より多くの資源を必要とするようになっても、他方の課題の遂行成績が変わらない。

2. 完全タイム・シェアリング（perfect time-sharing）

二重課題の各課題それぞれが、資源容量の上限近くの資源量を消費している場合に、両課題の同時的遂行において、両課題とも遂行成績が損なわれない。

3. 構造交替効果（structural alternation effect）

刺激モダリティや記憶コードや反応モダリティといった、情報を処理する構造が変化すると、たとえこの構造変化した課題の難易度（必要な資源の量）が変化しないと考えられる場合であっても、二重課題間の干渉の程度に変化が生じる（たとえばウィッケンズら、1983）。

4. 難易度と構造の非連動性（uncoupling of difficulty and structure）

難易度においてより難しい課題Aとより易しい課題Bとがあり、今それぞれが第3の課題Cと対にされ同時的遂行が求められたとする。
単一資源理論からすれば、同じ課題Cとの対であるC・AとC・Bにおいては、C・AのほうがC・Bより干渉量が大きくなるはずであるがそうならない場合がある（たとえばウィッケンズ、1976）。

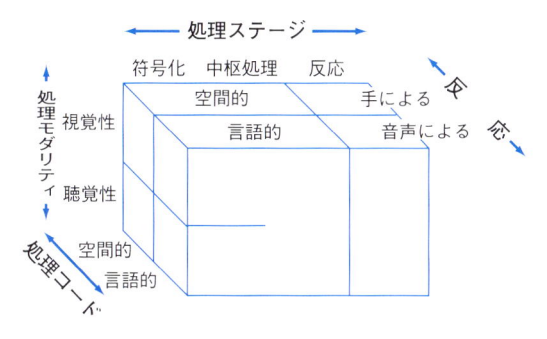

図3-3 ウィッケンズの多重資源モデル（ウィッケンズ、1984より）

り，図中の各々の区画は独立した資源の貯蔵所を示している。

処理ステージの次元では，刺激の入力から反応の出力までの処理プロセスを，①符号化，②中枢処理，③反応の3つの段階に区分している。

①符号化には，入力した刺激が知覚されるまでの処理が含まれる。

②中枢処理は，課題にしたがって符号化された刺激に心的操作を行うプロセスである。

③反応には，中枢処理の結果を外部に出力する過程が含まれる。

これらの処理ステージにおいて，「符号化・中枢処理」と「反応」との間で資源は独立していることになる。

処理コードの次元では，符号化および中枢処理のコードが言語的であるのか空間的であるのかということで，資源が区分される。

処理モダリティの次元では，符号化のモダリティが視覚性であるのか聴覚性であるのかということで区分される。また反応のモダリティが，手によるものか（たとえば，スイッチ押し反応），音声によるものか（たとえば，命名反応）ということで区分されている。

● 航空母艦メタファー

われわれの情報処理システムを航空母艦にたとえるならば，それを動かす処理資源は乗務員に相当しよう。乗務員の数には限りがある（処理資源の容量には上限がある）。処理段階の入り口付近の作業としては，たとえば航空母艦の操縦や甲板上に飛行機が離着艦することや，レーダーによる敵機の監視作業などがあろう。これらの作業に従事する乗組員は誰でも交代可能というわけにはいかず，専門化していよう（独立した処理資源となっている）。

Topic 「事象関連電位」におけるP300成分

「事象関連電位」とは，われわれが日頃耳にする「脳波」の一種である。そこで，まず，脳波について少しふれてから事象関連電位について説明しておく。

脳波とは

「脳波図」は脳を構成するニューロン（神経細胞）集団の電気活動を記録したものである。臨床検査では，通常頭皮上から記録されるが，この場合の脳波は，主に大脳皮質（厚さ2.5 mm）の表面近くのニューロン活動（シナプス後電位）を反映している。大脳皮質と頭皮とは，電気を伝えにくい脳脊髄液，硬膜，クモ膜，頭蓋骨を隔てて2～3 cm離れている。そのため，頭皮上の脳波は大脳皮質表面の電位変化に比べてかなり微弱であり，波形も多少歪んでいる。頭皮上で記録した電位変化を記録紙上でペンを動かして測定するには，およそ100万倍に増幅する必要がある。また，1つの電極からの記録は，その周囲約3 cmの領域の電位変化の空間的加算を示すと言われている。

脳波はリズムを持った波として記録される。脳波はその個体が生きている限り絶え間なく自発的に出現するが，その周波数は脳の活動レベル（覚醒水準）によって変化する。われわれが通常活動しているときは，周波数が14～30 Hzで振幅が2～20 μVの「β（ベータ）波」と呼ばれる不規則な波が現れている。また，リラックスして閉眼しているときには，周波数が8～13 Hzで振幅が20～60 μVの「α（アルファ）波」と呼ばれる波が出現する。一般に脳の活動レベルが低下する（眠りが深くなる）ほど，周波数は低くなり，振幅は大きくなる。

航空母艦メタファー

この<u>航空母艦メタファー</u>においては，中枢の情報処理は，司令室における作業が該当しよう。そこでは，航空母艦の運航と飛行機の離着艦と敵機のレーダー監視とが独立的作業としてではなく，有機的に関連づけられ，総合的・統合的な全体的判断枠組の中で司令作業が行われている（したがって処理資源は1つのものとなっている）。

🌐 資源の種類はいくつある？

多重資源理論で問題なのは資源の種類であろう。それまでの資源で説明不可能な現象が見出されるたびに新たな資源を追加していけば，かつての「本能論」のように，考え方によっては，無限の数の資源が存在し得ることになる。

それではまずいだろうから，いくつかの異なる状況において，共通の1つの資源を想定することによって，これらの状況の説明が可能となる場合にのみ，この資源を1つの種類として認めることが許されるべきである。

しかし，この「基準」も，「いくつかの異なる状況」の「いくつか」の数次第でゆるくもきつくもなり，何とも歯切れが悪い。

🌐 配分方針の決定は誰がする？

日常生活事態においては，人間は常に複数の情報処理課題を遂行している。

たとえば，会議をしているときであれば，手元の資料を目で追いつつ発言者の発言を聞くであろうし，人々との会話においても，相手の発言や自分の発言を耳で聴きながら同時に相手の顔色を読むといったことを行っている。これら複数の課題に対する処理資

歴史的には，1875年にケイトン（Caton, R.）がウサギとサルを使って生きた動物の脳の電気活動が記録できることをはじめて示し，1929年にはベルガー（Berger, H.）がヒトの脳波をはじめて測定した。当時，多くの研究者は彼らの発見に懐疑的であったが，著名な生理学者であったエイドリアンとマシュウズが1935年の英国生理学会学術大会で自ら実験台となって脳波を記録するデモンストレーションを行って以降，その現象が広く認められるようになった。

事象関連電位とは

「事象関連電位」は，その名の通り「ある出来事（事象）を脳が処理する過程に関連して出現する電位」のことである。通常の脳波が自発的・持続的な脳の電気活動であるのに対し，事象関連電位はある事象に随伴して生じる一過性の電位変化である。頭皮上から記録される事象関連電位は，数〜十数μV程度の小さな電位変化であり，背景脳波の中に埋もれて出現する。そのため脳波記録から直接観察することはできず，測定するにはコンピュータを使った「平均加算法」と呼ばれる技術が用いられる。まず，同じ被験者に同じ事象を繰返し経験させ，それぞれに対する脳の電気的反応を記録する。次に，得られた数十〜数百回分の反応をその事象の開始時点をそろえて加算平均する。こうすると背景脳波は誤差として相殺されていき，特定の事象に対応した電位変化のみが抽出されることになる。

上のことは，ちょうど，海岸に打ち寄せる波（背景脳波）をめがけて小石を投げると（被験者に特定の課題を課すと），この波の上にその小石特有の波紋（事象関連電位）が一瞬の間広がりすぐに消える現象にたとえてみると分かりやすい。1回分の小石による波紋は大きな波の上の微弱にして瞬時に消失する類のものであるから，それ自身を取り出すことは非

源の割りつけは一体誰がするのであろうか。このような考え方は，「小人化主義」（ホムンクショナリズム；homunctionalism）に相通ずるものがある。多重資源理論では，われわれの心の中には各種類の資源における割りつけをする「もう一人の私」が種類の数だけ存在し，さらに複数種類の資源の使い分けを司令する別の「もう一人の私」が存在するとでも考えるのであろうか。

見方を変えれば，この割りつけ作業こそ，前出の「メタ認知」そのものではなかろうか。この割りつけを状況に見合った適切なものにできるかどうかということこそ，われわれの「情報処理能力」もしくは「情報処理知能」のもっとも基礎をなす因子と言えまいか。

ウィッケンズの多重資源モデルの改良型

最近，ウィッケンズ（2002）は，これまでの彼の多重資源理論では想定していなかった新たな資源の追加を提案している。

すなわち，「中心視」と「周辺視」において用いられる資源が異なると考えている。正確に言えば，彼は「フォーカル視」と「アンビアント視」という区別をしている。これらは，「中心視」と「周辺視」の区別とは必ずしも同一の内容ではないが，重なる部分が大きいので，本書では，われわれにとって理解のしやすい「中心視」と「周辺視」の表現を用いておくことにする。

中心視と周辺視とで用いられる資源が異なっているとなぜ考えられるのであろうか。それには以下のような3つの理由がある。

1. 両者の視覚活動が同時的にうまく遂行できる。
2. 両者が異なった脳構造に関わっている。
3. 両者の担っている情報処理のタイプが質的に異なっている。

常に困難な作業となる。しかし，今，小石を投げる同じ行為を数十回と繰り返し，このときの数十回分の波の変化を加算平均できるとしたらどうなるだろうか。海岸に打ち寄せる大きな波（背景脳波）の波形は，常に一定のものというよりは「ランダム的」なものと考えられる。それに対し，その波の上に広がる小石による波紋は，その小石（被験者に課された課題）に特有の同じ形状を毎回示すと考えられる。これらの波を小石を投げた時点（事象の開始時点）でそろえて加算平均すれば，毎回ランダム的な形状を示した大きな波のほうは，凹凸が相殺され，ほぼフラットな波形となろう。他方，毎回同一の形状を示した小石による波紋のほうは，その特有な形状がむしろより明瞭化され，一定の特徴的な波形となろう。それゆえ，「平均加算法」を用いれば，小石による特徴的な波紋を限定的に抽出することが可能となるのである。このようにして，われわれが直接目にできる形で取り出された波紋にたとえられるものが，「事象関連電位」ということになろう。

測定された事象関連電位は，いくつかの振れをもった波のような形状をしている。それらの振れは「成分」として分離され，それぞれの成分が別々に脳内活動に対応していると仮定されている。刺激提示直後（約100ミリ秒以内）に出現する初期成分は，刺激の物理的特性（感覚モダリティや強度）によって，出現する成分の種類やその潜時，振幅，頭皮上分布が決まるという性質を持っている。このため，これらの成分は「外因性成分」と呼ばれ，刺激に対する脳の受動的な活動を反映するものと考えられている。他方，その後に続く後期成分は，刺激の物理的特性そのものによってあまり影響されず，被験者の心理状態やそのとき被験者が行っている課題の種類によって，出現する成分の種類やその潜時，振幅，頭皮上分布が変化する。このため，これらの成分は「内因性成

このうちの 1 は両者の視覚活動の区別を理解する上でもっとも分かりやすい理由と思われるので，以下に2例を挙げておくことにする。

①本を読みながら（「中心視」が用いられる），同時に廊下を歩いていく（「周辺視」が用いられる）ことが十分可能である。

②車を車線中央に保って走らせながら（「周辺視」が用いられる），同時に道路標識を読んだり，バックミラーを見たり，道路前方にある危険物を認知したりすること（「中心視」が用いられる）が十分に可能である。

　以上のように，中心視に依存した視覚的課題と周辺視に依存した視覚的課題とが並行して十分に遂行できるということは，これまでの二重課題法を用いた資源切り出しのパラダイムからすれば，両課題は別々の処理資源を用いているということになる。

　しかしながら，以下のような「対立仮説」（本来の仮説以外に立てることが可能な仮説）も存在する。

1. 周辺視による情報処理は「前注意的な」ものであり，処理資源を必要としない。ゆえに，中心視による処理と両立できる。

2. 周辺視による処理は「自動化された」ものであり，処理資源を必要としない。ゆえに中心視による処理と両立できる。

　これらの「対立仮説」が十分に棄却され得るものなのかどうかは今後の研究に待つしかないが，筆者には，少なくとも現在のところは，これらの「対立仮説」の存在がウィッケンズ（2002）の提案を否定しているようには思われない。

● 多重資源理論が「循環論」に陥る可能性

　実は多重資源理論は「循環論（トートロジー；tautology）」に

分」と呼ばれ，刺激に対する評価や判断といったより高次な精神機能に関連する脳の活動を反映するものと考えられている。

各成分には慣例的に名前がつけられている。まず，その成分が陽性波（positiveすなわちP）であるか陰性波（negativeすなわちN）であるかに分け，およその頂点潜時を示す数字をつける。たとえば，事象関連電位の主要な成分であり刺激の「評価」に関連するといわれるP300は陽性の潜時約300ミリ秒の波のことである。

事象関連電位という脳活動の指標は，当然のことながら万能ではなく，長所と短所をもっている。そのうちのいくつかを表3-4に示しておく。

表3-4 事象関連電位を指標として用いた場合の長所と短所

【長所】
1. 非侵襲的な方法。
2. さまざまな実験操作に敏感。
3. 同一個人や同一条件下で安定したパターンを示す。
4. 時間分解能がよい。
5. PET（ポジトロンCT）やMRI（磁気共鳴映像法），MEG（脳磁図）といった他の脳活動のモニター法に比べるとコストが低く簡便である。

【短所】
1. 空間分解能が悪く電位の脳内での発生源を特定できない。
2. ほとんどの場合は平均加算法を用いて測定されるので1回限りの事象に対しては使用できない。
3. 筋電図など脳以外から発生する電位（アーティファクト）の混入を防ぐために被験者の動きをかなり制限しなければならない。

陥る可能性を秘めている。

　今，資源の種類を切り出すために，二重課題法によりA課題とB課題との同時的遂行が求められたとしよう。このとき，次のような2つの命題が記述できよう。

1.「A課題がより多くの処理資源を必要とするので，B課題への干渉効果が大きくなる。」

2.「B課題への干渉効果が大きいので，A課題はより多くの資源を必要とするように思われる。」

　すなわち，A課題に必要な資源の大きさが干渉効果の大きさで定義（測定）されている限り，上の2つの命題の間の循環的関係を解消することはできないのである。

　この循環から脱却するためには，資源の定義を別の指標により行うことが大事となる。ウィッケンズ（2002）は候補となり得るいくつかの指標を挙げている。たとえば，主観的評定尺度とか生理学的指標などである。このうち，生理学的指標は，二重課題における干渉効果以外の「外的指標」（客観的基準，外的基準）として受け入れやすいものである。この種の指標として，「事象関連電位（event-related potential；ERP）におけるP300成分の振幅の変化」が一つの有力候補となり得ることを示唆している研究がある。「事象関連電位」のP300成分についての説明をp.82 Topicに載せておく。

参考図書

中島義明（編）(2001). 現代心理学［理論］事典　朝倉書店

　専門書ではあるが，第1章で，心理学とメタファーの関係等について論じられている。

中島義明・野嶋栄一郎（編著）(2008). 現代人間科学講座第1巻「情報」人間科学　朝倉書店

　専門書ではあるが，第2章で処理資源，ワーキングメモリ，メタ認知等について，それらの問題点を含めて言及されている。

Topic　事象関連電位は情報処理過程の覗き窓

　事象関連電位の研究はコンピュータ技術の発達とともに1960年代から始まった。しかし初期の研究は技術的な面での問題が多かったために，人の情報処理機能との関連が本格的に議論できるようになったのはここ20年ほどの間のことであると言われている。とくに最近の心理学では事象関連電位を情報処理活動の新しい指標に利用しようという動きが盛んになってきている。この動きを支えている一因に，高性能のコンピュータと高精度の脳波計とが手頃な価格で生産できるようになったことがある。それゆえ，これらの組合せである事象関連電位の測定・解析装置一式が多くの心理学研究室の手が届く対象となったのである。

　事象関連電位は，刺激入力と反応出力との間に介在する脳内活動をミリ秒単位で継時的に分析できるという特徴を持っている。したがって，情報処理課題に対する被験者の行動指標に加えて事象関連電位を記録すれば，以前には分析が困難であった部分についての知見を得ることができるようになり，刺激入力と反応出力の間に介在する情報処理プロセスの解明に大いに役立つと期待される。

　情報処理心理学が認知プロセスそのものを研究対象とする以上，それを担っている脳の活動についても当然注意が払われなくてはならない。両者を結びつけるのに役立つと期待される事象関連電位の研究は，今後ますます重要になっていくと思われる。

　このような流れの中で，事象関連電位の諸成分のうち，とくに

注目されているものがP300と呼ばれる成分である。今，被験者に何か刺激を与え，それに対して何らかの処理をするように求めたとしよう。このとき脳事象関連電位を測定すると，たいていの場合は大きな陽性電位が観察される。これがP300成分である。この成分は刺激の感覚モダリティ（様相）にかかわりなく，中心・頭頂部で最大となって出現し，人が主体的に情報を処理するときの脳内プロセスに関連していると考えられている。

P300の振幅は起こることがまれな（生起確率の低い）事象に対しては大きくなるという。また，刺激あるいは課題に対する被験者の関心あるいは関与度が高ければ大きくなると言われている。それゆえ，被験者が課題に対して向ける注意（もしくは「処理資源」）との関係に大きな関心が寄せられている。

ワーキングメモリ

　近年,「ワーキングメモリ」と名づけられた概念が注目を浴びている。この概念は認知心理学的視点である生体の側から能動的に働きかける情報処理過程に焦点を合わせて発想されている。すなわち,ワーキングメモリとは,情報の貯蔵に止まらずむしろ情報の「操作」を行うところとして想定された短期的記憶過程のことである。そして,この短期的に行われる情報の操作過程には,情報の種類によって異なった処理経路が存在すると考えられている。

　本章では,上述の立場に立つ代表的理論である「バッドレー・モデル」を取り上げ,その特色を解説するとともに,このモデルが抱える問題点についても考えてみたい。

記憶の種類

「ワーキングメモリ」(作動記憶；作業記憶；working memory)の概念はそもそもは計算機科学から心理学の世界に輸入されたものである。

それにしても,「記憶」というものには一体いくつの種類があるのであろうか。○○記憶という表現をとる用語を思いつくままに並べると,たとえば感覚記憶,短期記憶,長期記憶,手続き的記憶,宣言的記憶,エピソード記憶,意味記憶,潜在記憶,展望的記憶,本章で取り上げるワーキングメモリ等々結構多くのものが存在する(図4-1参照)。どのような分類を考えるかということは,どのような理論的立場に立つかということによって決まる。

記憶研究の始まり

非常に素朴なものとしては,記憶全体を1つの単位として扱う立場があろう。歴史的には,もっとも早く現れたものであり,エビングハウスやその継承者たちの立場である。無意味綴りや有意味語を項目とした刺激リストの記憶(学習)についての実験が行われた(p.89 Topic 参照)。これらの研究における基本的大前提は連合理論にもとづくものであった。すなわち,われわれの脳の中にある項目Aの記憶痕跡aと項目Bの記憶痕跡bとが同時的もしくは短時間間隔的に反復して存在するとき,aとbの間で相互に影響が及ぶようになり,やがてAとBの連合が成立するということである。すなわち,A(もしくはB)を刺激項目とすれば,この刺激項目によりB(もしくはA)の連想反応が促進されるということである。

ここでは,刺激と反応の間の直結リンクにもとづく連合が想定

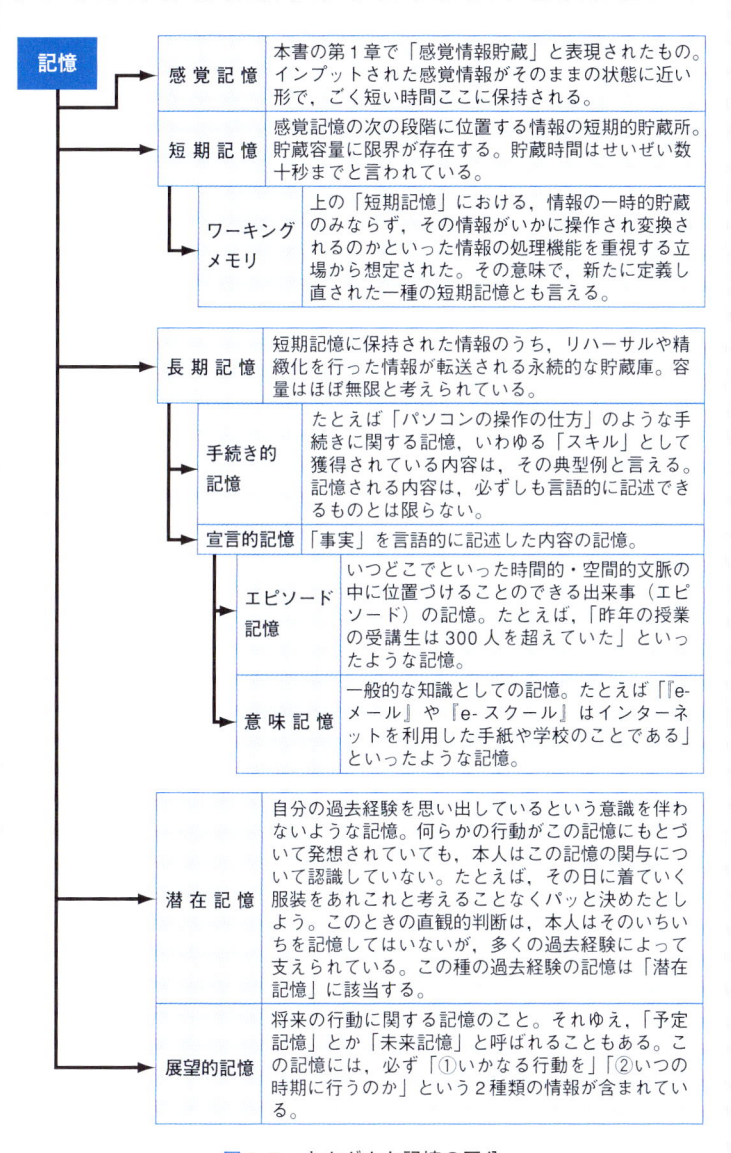

記憶			
	感覚記憶	本書の第1章で「感覚情報貯蔵」と表現されたもの。インプットされた感覚情報がそのままの状態に近い形で、ごく短い時間ここに保持される。	
	短期記憶	感覚記憶の次の段階に位置する情報の短期的貯蔵所。貯蔵容量に限界が存在する。貯蔵時間はせいぜい数十秒までと言われている。	
		ワーキングメモリ	上の「短期記憶」における、情報の一時的貯蔵のみならず、その情報がいかに操作され変換されるのかといった情報の処理機能を重視する立場から想定された。その意味で、新たに定義し直された一種の短期記憶とも言える。
	長期記憶	短期記憶に保持された情報のうち、リハーサルや精緻化を行った情報が転送される永続的な貯蔵庫。容量はほぼ無限と考えられている。	
		手続き的記憶	たとえば「パソコンの操作の仕方」のような手続きに関する記憶、いわゆる「スキル」として獲得されている内容は、その典型例と言える。記憶される内容は、必ずしも言語的に記述できるものとは限らない。
		宣言的記憶	「事実」を言語的に記述した内容の記憶。
			エピソード記憶: いつどこでといった時間的・空間的文脈の中に位置づけることのできる出来事(エピソード)の記憶。たとえば、「昨年の授業の受講生は300人を超えていた」といったような記憶。
			意味記憶: 一般的な知識としての記憶。たとえば「『e-メール』や『e-スクール』はインターネットを利用した手紙や学校のことである」といったような記憶。
	潜在記憶	自分の過去経験を思い出しているという意識を伴わないような記憶。何らかの行動がこの記憶にもとづいて発想されていても、本人はこの記憶の関与について認識していない。たとえば、その日に着ていく服装をあれこれと考えることなくパッと決めたとしよう。このときの直観的判断は、本人はそのいちいちを記憶してはいないが、多くの過去経験によって支えられている。この種の過去経験の記憶は「潜在記憶」に該当する。	
	展望的記憶	将来の行動に関する記憶のこと。それゆえ、「予定記憶」とか「未来記憶」と呼ばれることもある。この記憶には、必ず「①いかなる行動を」「②いつの時期に行うのか」という2種類の情報が含まれている。	

図4-1 さまざまな記憶の区分

されており，刺激と反応の間に介在する情報処理過程は手つかずに残されてきた。このような考え方は1920〜1950年代の行動主義心理学の時代に支配的であった。

短期記憶と長期記憶

1960年代に入り認知心理学が盛んになってくると，行動主義が研究対象とすることを避けた，「刺激と反応の間の介在過程の中味の検討」に学問的関心が移行することになる。そのような気運の下に，短期記憶（short-term memory）と長期記憶（long-term memory）という2種類の記憶を想定する考えが現れた。言わば，意識中の内容に関わる短い時間保持される記憶と，現在の意識にはのぼっていないが長期に保持される内容に関わる記憶である。この2種類の記憶が，すでにジェームズ（1890）が彼自身の内観により，1次記憶・2次記憶の名をつけて指摘していたものと重なる区別であることは，前に述べた。この区別はわれわれの日常経験によくマッチする分かりやすい考え方であることから，広く受け入れられてきている。しかし，厳密な操作の下に実験的に研究を進めると，必ずしもこの2つの種類だけではカバーしきれない問題が明らかになってきた。

ワーキングメモリと短期記憶

上述のような1960年代の動向を経て，1970年代に入ると短期記憶の概念のかわりに「ワーキングメモリ」の概念が用いられることが多くなった。両概念の基本的な相違は，短期記憶ではその構造を単一のものと考え，ワーキングメモリでは，複数の構成要素から成ると考えるという点に集約されるように思われる。そう

Topic　エビングハウスの記憶実験

　エビングハウスは，自分自身を被験者として，われわれによって記憶された無意味綴りの保持量が，時間の経過と共にどのように忘却されていくのかを調べた（すなわち，「記憶」過程としては1種類のものを想定している）。この研究結果は，「エビングハウスの忘却曲線」として広く知られている（図4-2）。この曲線を見ると，この種の材料は記憶容量は最初の数十分で記憶量のおよそ半分ほどが忘れられてしまい，その後は比較的ゆるやかに忘却が進行していくことがわかる。

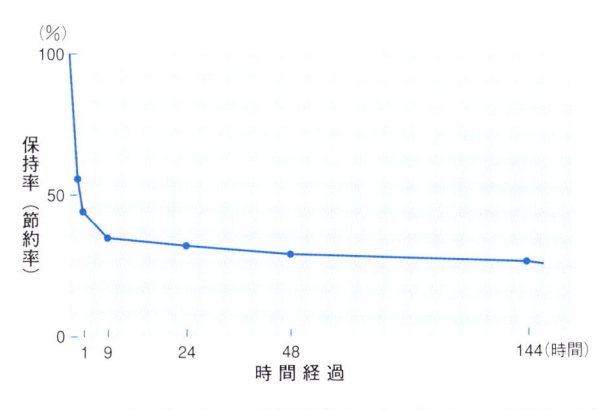

図4-2　エビングハウスの忘却曲線（エビングハウス，1897より）

であれば，何も「ワーキングメモリ」などという新たなネーミングを用いることもなく，「短期記憶」の内容がより精緻なものになったとして，名前は「短期記憶」のままでもよさそうにも思える。しかし，従来の短期記憶は情報の一時的「貯蔵」機能に力点が置かれた概念であったから，依然として生体の受動的な反応に考えがとらわれていることは否めない。認知心理学的視点である生体の側から能動的に働きかける情報処理過程に焦点を合わせ直すのであれば，情報の「操作」機能に力点を置かれた短期的過程が想定されてよい。しかもこの短期的に行われる情報の操作過程が，情報の種類によって異なった処理過程が考えられる（バッドレーとヒッチ，1974）ことから，なおさら従来の「短期記憶」とは別立ての概念を立てることへの動機が高まることになる。「ワーキングメモリ」の用語はこのような気運の下に誕生したのである（p.91 Topic 参照）。

バッドレー・モデルにおけるワーキングメモリのサブシステム

次にバッドレーら（バッドレーとヒッチ，1974；バッドレー，1982, 1990）の考え方を少し詳しくみてみよう。

彼らは，ワーキングメモリというシステムは先述のように情報の種類によって担当が分かれているいくつかのサブシステムを持っていると考えている。彼らによれば，これらのサブシステムは以下のような3種類に区別されるという。

1. 調音ループ（phonological loop）……言語にもとづくような情報を取り扱うサブシステム。

2. 視・空間スケッチパッド（visuo-spatial sketchpad）……視・

Topic 「二重貯蔵庫モデル」とワーキングメモリ

　図4-3はアトキンソンとシフリン（1971）の提案した記憶の「二重貯蔵庫モデル」である。二重貯蔵庫とは短期貯蔵庫（「短期記憶」のこと）と長期貯蔵庫（「長期記憶」のこと）の2種類の記憶を意味している。このモデルにおいても，すでに，短期貯蔵庫の中に作動記憶（「ワーキングメモリ」のこと）としての働きが存在することが「『一時的』作動記憶」の表現で示されていることが興味深い（「一時的」の形容詞がついていることに注目すべきである）。

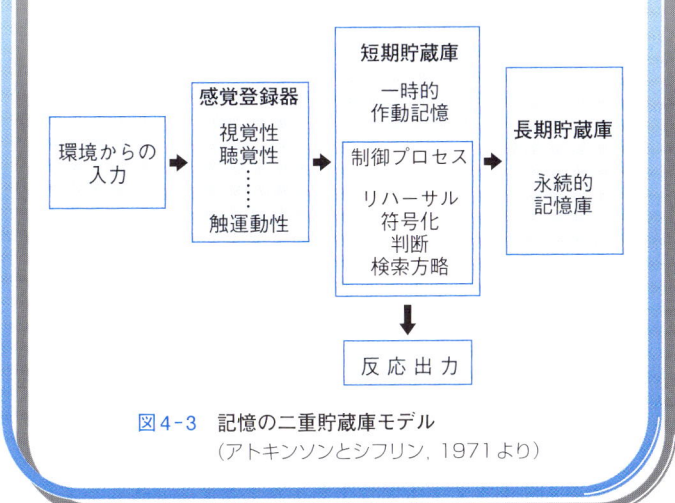

図4-3　記憶の二重貯蔵庫モデル
（アトキンソンとシフリン，1971より）

空間的情報を取り扱うサブシステム。すなわち，視覚的・空間的イメージのセットアップや操作を担う。

3. 中央実行系（central executive）……ワーキングメモリに取り込まれた情報を上の2つのサブシステムへ割りつけたり，必要に応じて長期記憶に蓄積された情報をこれら2つのサブシステムのいずれかに取り込んだりするような，サブシステムを適切に管理運営するためのサブシステム。

その後，上の**1**の「調音ループ」をさらに下のような2つのサブシステムに分ける考え方が現れている。

①音韻貯蔵庫（バッドレー，1990）……以前に「1次音響貯蔵庫」（サラムとバッドレー，1982）と名付けられていたものと同じ（？）。発声に関わらない音響的な情報を収納する受動的サブシステム。すなわち，ここでは，単なる聴覚的・音韻的特性として表現された情報が貯蔵されることになる。

②構音制御プロセス（バッドレー，1990）……音声化（実際の音声を伴わない「内言」を含む）によって言語情報を取り扱う能動的サブシステム。すなわち，ここでは発音に用いられる筋肉運動の特性も含めて表象化された発話（内言を含む）のための情報が取り扱われることになる。たとえば，(1)音韻貯蔵庫の中の記憶痕跡を読み出し，声に出さずにリハーサルすることでふたたび痕跡を新たにする働き。(2)文章を読んで音韻コードに変換し，音韻貯蔵庫に登録する働きなどの作業は，このサブシステムにより行われることになる。

🔵 「ワーキングメモリ人」？

こう見てくると，ワーキングメモリを構成する4つのサブシス

ワーキングメモリ人？

中央実行系

視・空間スケッチパッド

音韻貯蔵庫

構音制御プロセス

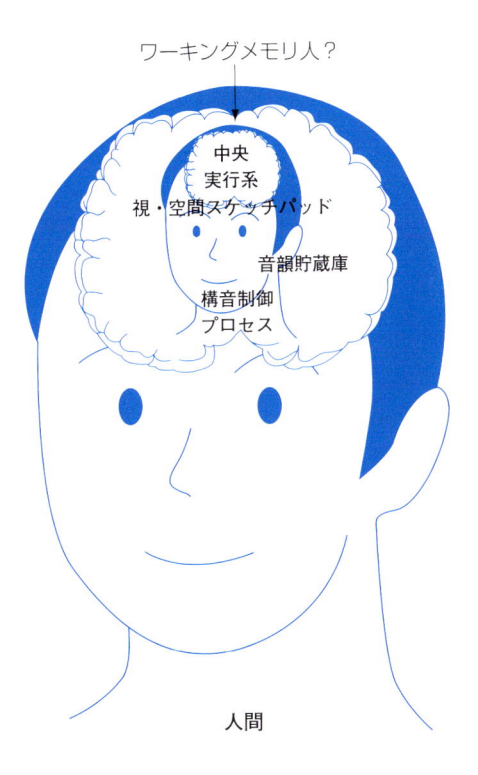

人間

図4-4 人間の中のもう一人の「ワーキングメモリ人」？

テムの各機能特性は，簡単に言えば

　中央実行系　　　　　　　　→　「内なる頭脳」
　構音制御プロセス　　　　　→　「内なる口」
　音韻貯蔵庫　　　　　　　　→　「内なる耳」
　視・空間スケッチパッド　　→　「内なる目」

ということになろう。そうであれば，図4-4に示すように，われわれ人間の中には「**ワーキングメモリ人**」とでもいうべきもう一人の「内なる人間」が住んでいるということにでもなるのであろうか？

🔵 サブシステムの数

　サブシステムは今のところ4つのものが想定されているが，サブシステムはこの4つだけしかないのであろうか。サブシステムの存在は，二重課題下における干渉効果の有無により検討されている。すなわち，課題Aと課題Bの同時的遂行が干渉を生じれば，同一の処理システムが両課題に関与しており，干渉が生じなければ，両課題にそれぞれに別々の処理システムが関与していることになるというわけである。この方法を用いる大前提は，ワーキングメモリ自身およびワーキングメモリを構成する各サブシステムの情報処理容量には限界があるということである。この前提が満たされなければこのことは成り立たない。

　さて，二重課題法を用いて，すでに見出されている4つのサブシステムが関わる課題と干渉しない別の課題が見つかれば，この課題の情報処理を受け持つ第5のサブシステムの存在の可能性が生じる。このような課題はもうないのであろうか？

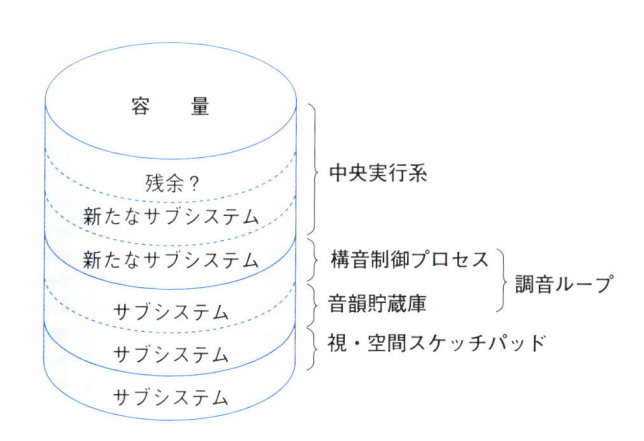

図4-5　ワーキングメモリの全容量に占めるサブシステムの容量

🔵 サブシステム探しは錬金術と同じ？

　考えつく課題を片っぱしから吟味していけば干渉しない課題が何か出てくるのではないか。これは，昔の錬金術師が金を合成するために片っぱしから物質の化合を試みたのと同じやり方である。

　錬金術そのものは失敗に帰したが，筆者には上のようなやり方をとれば，このケースでは必ず干渉しない何かの課題にぶつかるのではないかという気がしてならない。そうであれば，一体いくつのサブシステムが必要になるのであろうか。あまりに課題に特有で，特定の課題1つにしか処理が該当しないサブシステムを立てることには抵抗がある。では，一体いくつくらいの「異なった」課題に当てはまればよいのか。しかし，「本当に異なった」課題であれば同じサブシステムが関わるとの前提がくずれてしまうであろうし，そうかといって「あまりに類似した」課題であれば特定の課題1つにしか処理が該当しないケースと同じことになってしまうであろう。「ほどほどに異なった」課題に当てはまることが求められるのである。この問題は，前章でふれた「処理資源」の種類の切り出しにおいても見られた問題とまったく同じである。

🔵 知能構造との共通性

　また，ワーキングメモリ自体に容量の限界があることから次のような問題も生じよう。すでに見出されている4つのサブシステムのうち，中央実行系以外の3つのサブシステムは，処理内容が明確で特殊なものであり，いわばその処理内容の中に「余裕」の部分はない。一つ中央実行系だけが「未知の」機能を含んだその意味で容量に余裕のあるサブシステムと考えられる。それゆえ，ワーキングメモリの全体容量から特殊な情報処理を受け持つ容量

表4-1 知能の構造

スピアマン	**特殊因子**（複数存在する） ・一般知能因子 （すべての特殊因子にまたがる一般因子で，1つ存在する。）
サーストン	**特殊因子**（複数存在する） ・群因子 （すべてではないいくつかの特殊因子にまたがる部分的一般因子で，複数存在する。）
ギルフォード	構造化された多くの特殊因子のみから成る。

を切り落としていったときに残る「残余の容量」は、今のところすべて中央実行系に属するとされているのである。今後、さらに、特殊な情報処理を受け持つサブシステムが見出されていったときに、中央実行系の容量がすべて特殊なサブシステムの容量に食われてしまい、モデル内での存立が危うくならないであろうか。筆者には、ワーキングメモリがすべて特殊なサブシステムだけで成り立っているとは到底思えない。何らかの統合的機能を受け持つサブシステムは必ず存在するに違いない（図4-5（p.95）参照）。

この問題には、われわれの「知能」が一般因子＋特殊因子から構成されているのかむしろ特殊因子だけから構成されているのかといった、スピアマンやサーストンやギルフォードらの問題意識と共通するものを認めることができる（表4-1（p.97）および図4-6参照）。

「中央実行系」の解明は知能の解明と同じ？

「中央実行系」の機能は、いまだ謎に包まれた感がする。このサブシステムは「注意」に近いものと言われている。そうであれば、注意を必要とするすべての課題に関わることになる。ところで、この中央実行系が他のサブシステムと別の存在であることを実証するためには、二重課題法により、他のいずれのサブシステムの課題との間にも干渉効果が現れない課題が存在することが大前提となる。しかし、もしそのような課題が見出されたとしても、そのこと自体は中央実行系の存在を直接示すことにはならない。なぜなら、先述したように、中央実行系から「のれん分け」可能な新しい特殊なサブシステムがなせる技とも考えることができるからである。

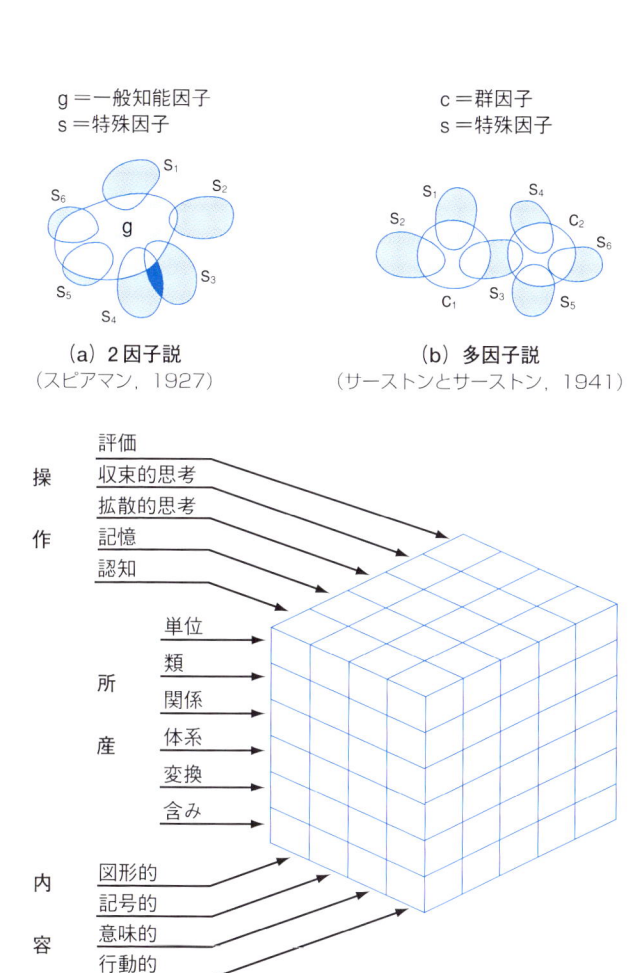

g ＝一般知能因子　　　　　　　　c ＝群因子
s ＝特殊因子　　　　　　　　　　s ＝特殊因子

(a) 2因子説　　　　　　　　　　(b) 多因子説
（スピアマン，1927）　　　　　（サーストンとサーストン，1941）

操作
- 評価
- 収束的思考
- 拡散的思考
- 記憶
- 認知

所産
- 単位
- 類
- 関係
- 体系
- 変換
- 含み

内容
- 図形的
- 記号的
- 意味的
- 行動的

(c) 知性の構造モデル（ギルフォード，1967）

図 4-6　知能構造の概念図（図は村田，1979を一部改変）

また，二重課題法で干渉効果が生じる課題が見出されたときに，先ほどは説明の便宜上そのように述べたが，なぜそのとき用いられた2つの課題が1つの特殊なサブシステムに共に関わっていたと考えるのであろうか。両課題が中央実行系という1つの一般的な処理システムを介して干渉した結果とも考えることができるではないか。

　いずれにしても，どのような考えを採択するのかは，用いられた2つの課題がどの程度「異なった」課題であるかということにもとづくしかない。しかし，どの程度「異なっている」のかどうかを示す「客観的基準」（もしくは「外的基準」）はない。干渉効果の有無こそが今のところ考えられる唯一の客観的基準そのものと考えられまいか。そうであれば，この判断に関する問題は，下手をすると「循環論（トートロジー）」に陥る可能性を多分に含んでいる。

　総じて言えば，中央実行系が多重機能を有する独立した「1つの」サブシステムとしてその独自性を維持している存在であるのか，むしろ特殊なサブシステムに従属した自動的制御過程に相当する部分が単に頭出しをし寄り集まった「委員会のような」存在にすぎないのかは（図4-7参照），今後の研究により，次第に明らかにされていく問題であろう（バッドレー，1996）。

　このように見てくると，前出の図4-4に描かれているように，「ワーキングメモリ人」の中の頭脳にあたる中央実行系の有する未知の部分とわれわれ人間の知能の有する未知の部分とが入れ子構造をなしていることに気づく。そうなのである。中央実行系の解明される日こそが，知能の解明される日なのである！

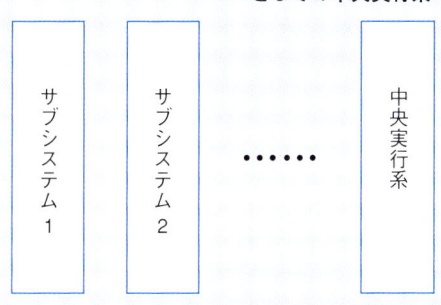

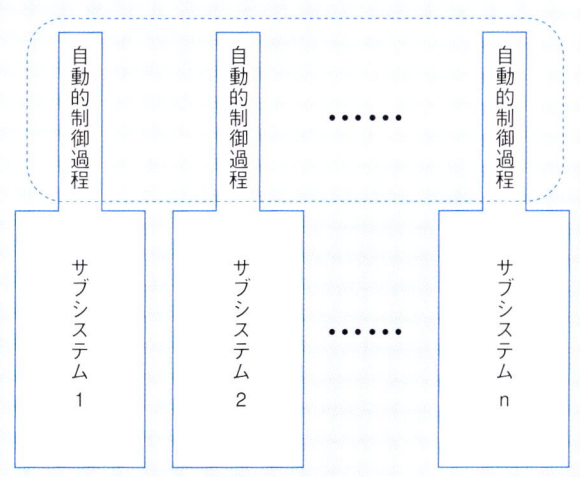

「1つの」独立したサブシステム
としての中央実行系

サブシステム1　サブシステム2　……　中央実行系

「委員会のような」集合体としての中央実行系

自動的制御過程　自動的制御過程　……　自動的制御過程

サブシステム1　サブシステム2　……　サブシステムn

図4-7　中央実行系の2つの考え方

● ● ● ● 参考図書

中島義明・野嶋栄一郎（編著）（2008）．現代人間科学講座第1巻「情報」人間科学　朝倉書店

人間科学に関する専門書ではあるが，第2章で処理資源，ワーキングメモリ，メタ認知等につき，それらの問題点を含め言及されている。

森　敏昭（編著）　21世紀の認知心理学を創る会（著）（2001）．認知心理学を語る1　おもしろ記憶のラボラトリー　北大路書房

人間の記憶に関する興味深い研究テーマを取り上げ，それらの「濃い内容」を「語り」の雰囲気の中で平易に解説している。第9章で「行動記憶」（石王敦子著）を扱っており，さらなる理解のため参考となる。

苧阪直行（編著）（2000）．脳とワーキングメモリ　京都大学学術出版会

ワーキングメモリに関する研究を包括的に展望している。現在の研究状況を理解するのに役立つが，研究者向きの学術書。

苧阪満里子（2002）．脳のメモ帳――ワーキングメモリ　新曜社

前半では，主に，リーディングスパンテストを用いた研究結果にもとづいて，言語に関わるワーキングメモリの働きを検討している。後半では，ワーキングメモリの脳における神経基盤について論じている。ワーキングメモリについて専門的理解を深めたい読者にとって大いに役立つ。

展望的記憶

　将来の行動に関する記憶は「展望的記憶」と呼ばれている。この種の記憶は，しかるべき行動がしかるべき時期に遂行されたときには当たり前のこととしてとらえられ，「記憶」が関係していたことさえわれわれの意識にあまりのぼることはない。日常生活が平穏の中に営まれ，日々が過ぎていく。

　この種の記憶の存在が強く意識されるのは，むしろ，記憶されたはずの情報が適切に想起されず，「こと」が失敗に帰したときである。それゆえ，展望的記憶を良くすることができるか否かは，われわれの日常生活を支障なく過ごすことができるかどうかの，とくに高齢になってからの生活を豊かなものにすることができるかどうかに影響を及ぼす大事な要因となる。

　本章では，展望的記憶を「回想的記憶」（過去に経験した出来事の記憶）や「ワーキングメモリ」と比較することにより，その特色について考えてみるとともに，展望的記憶の想起を良くするための方略や，「リアリティ・モニタリング」（現実世界で行われたことと頭の中で意図されたこととを区別する能力）についてもふれる。

🔵 「展望的記憶」のラフ・スケッチ

将来の行動に関する記憶は,「展望的記憶」(予定記憶;未来記憶;prospective memory) と呼ばれている (コーエン, 1989)。

「将来」の「行動」ということは,この記憶には,

1. 「いつの時期」に
2. 「いかなる行動」を行うのか

という2種類の情報が必ず含まれていることを意味している。このいずれの情報が欠落しても「こと」はうまく進まないのである。この種の記憶は,しかるべき行動がしかるべき時期に遂行されたときには,当たり前のこととしてとらえられ,「記憶」が関係していたことさえわれわれの意識にあまりのぼることがない。日常生活が平穏の中に営まれ,日々が過ぎていく。

この種の記憶の存在が強く意識されるのは,むしろ,上述の2種類の情報の内容が適切に想起されず,「こと」が失敗に帰したときである。たとえば,お昼にある人と会う約束をしていたことを忘れて他の人と食事に行ってしまい信用を失墜したとか,帰宅時に子どものバースデーケーキを買って帰ることになっていたのをころっと忘れて仲間と飲みに行ってしまい,家族から白い眼で見られたとか,そういった事態に遭遇したときである。

したがって,展望的記憶の問題は,「『プラン』の実行」を「し忘れる」という「エラー」の問題と密接に関連している。

図5-1は,これらの「し忘れ」がいかにして気づかれているのかを示したものである (小谷津ら, 1992)。

🔵 展望的記憶と普通の記憶(回想的記憶)との相違点

展望的記憶に対して,過去に経験した出来事の記憶は「回想的

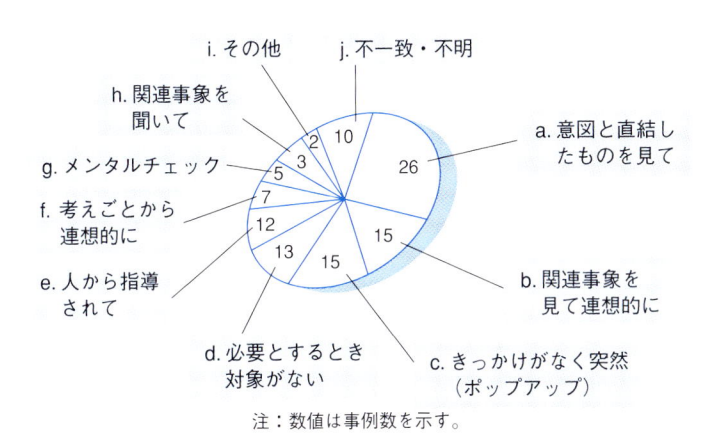

- a. 意図と直結したものを見て　26
- b. 関連事象を見て連想的に　15
- c. きっかけがなく突然（ポップアップ）　15
- d. 必要とするとき対象がない　13
- e. 人から指導されて　12
- f. 考えごとから連想的に　7
- g. メンタルチェック　5
- h. 関連事象を聞いて　3
- i. その他　2
- j. 不一致・不明　10

注：数値は事例数を示す。

図5-1　し忘れの発見の仕方（小谷津ら，1992）

記憶」(反省記憶；過去記憶；reflective memory) と呼ばれている。普通，われわれが「記憶」と言うときにはこちらを指して用いられている場合が多い。

展望的記憶と回想的記憶とは2つの基本的特性において異なっている。一つは，展望的記憶には明確な形をとった「記憶材料の記銘」という様相が見あたらないという点である。すなわち「プラン」の作成は，われわれが自分の頭の中で自ら考えて作り上げるものであるから，外在する記憶材料（自分の経験内容を含む）を反復して（場合によっては一度のこともある）学習するという回想的記憶に見られるような記銘過程は存在しない。それゆえ，両者の記憶は符号化の段階で何か異なった様相を帯びている可能性がある。

両者の記憶におけるもう一つの相違は，表5-1に示してあるように，想起過程における「評価基準」が明らかに異なっているという点である。この表を一見すると，展望的記憶では，当初予定していたものとまったく同一の行動が当初予定していた通りに実行されれば成功と評価されてしかるべきと思われる。しかし，よく考えてみれば，話はそう簡単なものではない。p.111 Topicにその例を一つ挙げておこう。

展望的記憶とプラン

p.111 Topicに見るような，成功か失敗かの分岐は，展望的記憶の内容を構成するプランの性質に依存している。展望的記憶の内容が細部まで特定されているような非常に詳細な良く組織化されたプランから成り立っている場合には，その代わりとして別のプラン（もとのプランの変化型も含む）を受け入れる許容度はほ

表5-1 回想的記憶と展望的記憶の評価基準

回想的記憶	再生内容の正確さや再認の完全さというものが，記憶者当人にとっても，また記憶者周辺の人々にとっても，その想起が成功したのか，失敗したのかの評価基準となる。
展望的記憶	プランの適切な実行が，すなわち「しかるべき」行為が「しかるべき」時期に実行されたのかどうかということが，その記憶の成功・失敗を決める評価基準となる。

とんどないということになろう。他方，展望的記憶の内容が，曖昧で組織化の低い大ざっぱなプランから成り立っている場合には，別のプランを受け入れる許容度は大きなものとなろう。

そうであれば，異なった多数のプラン（その異なり方には小から大にわたるさまざまな程度が考えられる）の内容のいずれが実際に遂行されることになるのかの「判断」が非常に重要になる。この判断の過程は，すでに「記憶」の範疇を超えているようにも思えるが，展望的記憶の有する特性の一つとも思える。

🔵 展望的記憶はワーキングメモリの一種？

上に述べた展望的記憶に見られる「判断過程」を考えると，この記憶は前章で取り上げた「ワーキングメモリ」によく類似していることに気づく。まず，ワーキングメモリに類似していると思われる展望的記憶の特徴を取り出して並べてみよう。表5-2はそれらを整理したものである。

次に，表5-2に列挙した展望的記憶の諸特性が，今度は，ワーキングメモリのいかなる点に類似しているのかを見てみよう。表5-3は前表の項目に対応させて整理したものである。

しかし，他方で，展望的記憶とワーキングメモリ両者で異なっている特徴もまた認められる。たとえば以下の2点である。

1. 展望的記憶では，一時的とはいえ貯蔵時間が相当に長い場合が多い。
2. ワーキングメモリの特殊なサブシステムに相当する区別が，展望的記憶の「プラン」では明確ではない。

1については，言い換えれば，貯蔵時間が短いものほど展望的記憶とワーキングメモリとの差がなくなるということでもある。

表5-2 ワーキングメモリに類似していると思われる展望的記憶の特徴

1. 「プラン」は一種の情報である。
2. 「プラン」を一時的に貯蔵している。
3. 「プラン」の変化型を作り出したり，別の「代替プラン」を選択するといった情報の操作を行っている。
4. 3がうまく行われているということは，これを管理運営する何らかの働きが存在する。

表5-3 展望的記憶の諸特性に対応したワーキングメモリの類似点

1. 情報を貯蔵するシステムである。
2. 一時的貯蔵庫である。
3. 貯蔵した情報を操作する機能を有する。
4. 表5-2の4の機能はバッドレーの言う「中央実行系」のそれに相当する。

たとえば，ある朝の筆者の次のミスはどうであろうか。

「朝，鏡の前でヒゲを剃りながら，夜更かしで赤くなった右目に気づき，ヒゲを剃り終わったら目薬を取ってきて差そうと考えていたのに，剃り終わってヒゲ剃りをケースに収めるやいつものようにすぐ髪の手入れに入り，その後着がえをし，朝食をとり，家を出て……といった具合に，目薬を差すことをすっかり忘れてしまった。」

これは，一体展望的記憶の問題なのであろうか，それともワーキングメモリの問題なのであろうか？

10秒ほど先の行為に関するプランの記憶保持の問題と考えれば，展望的記憶に属する問題のように思える。しかし，ヒゲをうまく剃るために，鏡に映った映像（視覚的情報）を適切に処理しながら，同時に右目の映像を観察し，頭の中で「この後すぐに目薬を取ってきて差そう」という言語的プラン（もしくは右目に目薬を差しているイメージ）を同時的に処理・記憶している過程と考えれば，これはまさにワーキングメモリに属する問題のようにも思える。

2についても，厳密に言えば，展望的記憶とワーキングメモリとで異なっていると言い切れない側面も見受けられる。プランの内容の表現が言語・音声的になされている場合と，イメージを用いて視・空間的になされている場合とに区別できる点に注目してみればよい。これらの区別は，まさに，ワーキングメモリに見られた「調音ループ」と「視・空間スケッチパッド」というサブシステムが，それぞれ分担して受け持った情報内容の区別に相当してくるのである。

Topic　このときの展望的記憶は成功？　それとも失敗？

　今，午前10時から開始された国会を傍聴し，その進行内容に関する中途報告を午前11時に本社のデスクに電話することになっていた新聞記者がいたとして，この記者が下の3つのケースのうちのいずれかの行為を行ったとしたら，これら各ケースに対する評価はどのようなものとなるのであろうか。国会の審議は思わぬ展開を見せ，午前11時にはその核心に関する白熱したやりとりが行われていたとする。

ケース1：午前11時に国会の傍聴席を抜け出し，本社のデスクに電話をかけた。

ケース2：議論が一段落した午前11時15分に国会の傍聴席を抜け出し，本社のデスクに電話をかけた。

ケース3：議決がなされ，その日の国会が終了した午前11時30分に電話を本社のデスクにかけたが，「話し中」であったので，車をとばして急ぎ会社に戻った。

　1は，まさに，当初予定していたものとまったく同一の行動が，当初予定していた通りの時期に実行されたケースである。しかし，このケースでは，国会の審議の核心部分の議論を聞き漏らしてしまい，報告にその肝心な内容を盛り込むことができないわけであるから，行為や時期の「しかるべきさ」には疑問が残り，総合的評価としては「失敗」の色合いが濃くなろう。

　2は，当初予定していたものと同一の行動が，当初予定したのとは，ズレた時期に実行されたケースである。しかし，このケースでは，報告時期はズレてはいるが，会議の肝心な内容が報告に盛り込まれているので，総合的評価としては

🔵 高齢者は展望的記憶が苦手？

　筆者は近頃もの忘れが多くて困っている。先日の朝もこんなことがあった。朝食の途中で冷蔵庫からドレッシングを取り出そうと思い，冷蔵庫の前に近づいたときにスリッパが脱げかかったので，立ち止まって履き直し，冷蔵庫の扉に手をかけたときには，「あれっ，今何を出そうとしていたのだっけ？」と自問する始末である。食卓に戻り座り直して，中断した食事を再開したときに，「あっ，そうだ。冷蔵庫からドレッシングを出そうとしていたのだ」と思い出したのである。友人たちにこのことを話すと，一様に，加齢（エイジング）による効果だと言う。筆者の年代層はともかく，一般的に言えば，高齢の人々にとって展望的記憶がうまく機能しているのかどうかは，生活の豊かさ（生活の質；クオリティ・オブ・ライフ；quality of life；QOL）に関わる重大問題である。生活の中の諸々の行為を「したこと」を忘れること（回想的記憶の問題）によるトラブルもさることながら，「しようとしたこと」を忘れること（展望的記憶の問題）によるトラブルも深刻なものがある。

🔵 展望的記憶を良くするための方略

　展望的記憶を良くすることができるか否かは，われわれの日常生活を支障なく過ごすことができるかどうかの，とくに高齢になってからの生活を豊かなものにすることができるかどうかに影響を及ぼす大事な要因となる。

　展望的記憶の想起を良くするための方略は，一般的に言えば，

1. 想起の手がかり
2. 動機づけ

「成功」の色合いが濃くなろう。

　3は，当初予定したものと異なった行動が，当初予定していたのとは異なった時期に実行されたケースである。しかし，このケースでは，会議の肝心な内容の取材をすべてすませているし，そのまま電話をかけ直していてもデスクの電話がいつ繋がるようになるかの見通しがつかないことを考えれば，急いで帰社し，直接詳しく報告することは適切な行動ともいえる。それゆえ，総合的評価としては「成功」の色合いが濃くなろう。下の表5-4はこれらをまとめたものである。

表5-4　展望的記憶の評価例

評価 ケース	しかるべき 時期	しかるべき 行為	総合的評価
ケース1	？（◎）	？（○）	失敗？
ケース2	○	◎	成功？
ケース3	×	◎	成功？

3. 時間的規則性

という3つの要因においていかなる工夫をするのかに依存している（コーエン，1989）。図5-2は，これらの3要因についてまとめたものである。

これら3要因に関するさまざまな手だては，いずれも，各人なりの個性ある内容が工夫されてよい。また，これらの手だての使用は，年をとってから始めるのではなく，「若い」しかるべき時期から実施に移し，とくに意識しなくても「自動的」に適切なものが採用されるよう日頃から心がけておくべきである。そうすることが高齢になったときにこれらの手だてがうまく機能する「コツ」と思われる。ちなみにつけ加えるならば，いかなる事態においていかなる手だてを採用するのかを判断したり決めたりする能力は，第2章で言及した「メタ認知」能力の一部に他ならない。

● 展望的記憶とリアリティ・モニタリング

頭の中で「しようとしたこと」と，実際に「したこと」の区別がつかなくなることがある。筆者も時々この現象に悩まされる。数日前もそうであった。研究室から玄関まで来たところで，研究室の窓を閉めてきたのかどうかが気になった。帰りの支度をしていたときに「閉めなくてはと思っていたこと」は覚えている。しかし，部屋を出るときに「実際に閉めてきた」のかどうかは確かではない。玄関で悩むよりはと思い，すぐに研究室に引き返してチェックすると，ちゃんと（！）閉めてあった。こうした，現実世界で行われたことと，頭の中で意図されたこととを区別する能力は，「リアリティ・モニタリング」（reality monitoring）と呼ばれる能力に関係している（ジョンソンとレイ，1981）。このよう

【想起の手がかり】

「しかるべき時」に,そのとき遂行される予定になっている「しかるべき行為」を想起させるためのうまい手段を準備すること。

➡ **「外部記憶」の利用**

【例】①他人の記憶。
②手帳,カレンダー,日記,壁などにメモをする。
③時計のアラームをセットしておく。
④出勤途中でしようと思っていた用足しの内容をすぐに大きなメモ用紙に記入し「靴」に挟み込む(出発まで間のあるとき)。
⑤出がけに必ずはめる腕時計の下にメモを置いておく。

【動機づけ】

「しかるべき時」に「しかるべき行為」をすることへの動機づけが高いほど,展望的記憶の想起はよくなる。

➡ 動機づけが高いほど,プランの内容を事前に何度も思い起こしたり,プランの実行によって生起すると思われる結果の内容をあれこれと推測することになろう。
これらの活動が記憶保持におけるリハーサル活動として機能する。

【時間的規則性】

「しかるべき行為」を実行する「しかるべき時」を規則的にしておく工夫をすること。

➡ なすべきしかるべき行為に関するスケジュールの立て方を時間的に規則性を持たせるようにしたり,あるいは何かのイベントに連続する形をとるようにしたり,といった工夫をすること。

【例】①薬を飲む時間を規則的に定めておく。
②手紙や日記を書く時間を夕食後と決めておく。

図5-2 展望的記憶の想起を良くするための方略

な現実性の識別に関する「ちょっとした」失敗は，日常的に多くの人々に生起することである。しかし，上の筆者の例で，もしこれが「研究室の玄関に到着した時点」での悩みではなく，「家に到着した時点」での悩みであったらどうであろう。すぐに引き返して即解決というわけにはいかないのである。守衛さんに電話をしてチェックしてもらおうかと考えたり，たぶん閉めてあるに違いないと無理矢理思い込もうとしたり，「悩みの深さ」は増すに違いない。ましてや，これが，「窓を閉めてきたかどうか」ではなく，「電気ストーブのスイッチを切ってきたかどうか」であったならどうであろうか。

　人間は通常においてはとくに意識的な努力をしなくても，このような区別を十分にうまく行っている。しかし，時としては，上の例のように，注意が他にとられていたり，あるいは加齢や多忙なライフスタイルなどの諸要因により，プランされた行動の記憶（展望的記憶）と過去において実際に行った記憶（回想的記憶）とが混乱することがある。この種のリアリティ・モニタリングの失敗の問題は，本章で取り上げた「展望的記憶」と従来の「回想的記憶」との関わりを吟味する上で，有効な「のぞき窓」となり得る可能性がある。

参考図書

森　敏昭（編著）　21世紀の認知心理学を創る会（著）（2001）．認知心理学を語る1　おもしろ記憶のラボラトリー　北大路書房

　人間の記憶に関する興味深い研究テーマを取り上げ，それらの「濃い内容」を「語り」の雰囲気の中で平易に解説している。第4章で「展望的記憶」（梅田　聡著）を扱っており，さらなる理解のために参考となる。

太田信夫・多鹿秀継（編著）（2000）．記憶研究の最前線　北大路書房

　最近の記憶研究におけるトピックを取り上げ，その理論的背景を解説するとともに，関連する諸実験についてもふれている。第9章の「展望的記憶」（小林敬一著）はこの記憶の現在の研究状況を理解するのに役立つ。

プライミング効果

　プライミング効果とは、プライムと呼ばれる先行刺激の情報処理過程が、ターゲットと呼ばれる後続刺激の情報処理過程に及ぼす影響を指して用いられている。

　一般的に表現するなら、プライミング効果は時間的な文脈効果と言える。われわれの日常生活はさまざまな活動の時間的連鎖によって成り立っている。この連鎖が途切れることなくスムーズに進むためには、無意識的レベルにせよ意識的レベルにせよこの種の文脈効果の円滑な作動が大事となる。プライミング効果は、まさにそのことのために、本来的に人間に備わっている能力の一つを示している。

　本章では、間接/直接プライミング効果、無意識的/意識的プライミング効果について考えてみるとともに、映像におけるモンタージュを支える「クレショフ効果」(プライミング効果の一種と考えられる) についてもふれてみたい。

古くて新しい問題

「プライミング効果」(priming effect) という文字を目にすると，何やらその背景に「新しい」学問の息吹を感じる。しかし，プライミング効果そのものは，プライム（あるいはプライマー）と呼ばれる先行刺激の情報処理過程が，ターゲットと呼ばれる後続刺激の情報処理過程に及ぼす影響を指して用いられているので，何も新しく発見された現象というわけではなく，昔から気づかれ，研究対象とされてきた現象なのである。

すなわち，「先行刺激が後続刺激の知覚に及ぼす影響」と表現し直すと，これは，伝統的な心理学において長く研究されてきたいくつかの現象（たとえば，「継時対比効果」など）がこれに該当することになる。問題は先行刺激の「情報処理過程」と後続刺激の「情報処理過程」との間の相互作用を説明する「モデル」がいかなるものかということに集約される。このモデルの内容次第で，古くも新しくもなるのである。

促進効果の一種

具体的手続きとしては，プライムがまず短時間提示され，短い間隔時間を置き，次いでターゲットが提示されることになる。典型的には，プライムには単語が用いられ，ターゲットには有意味な単語や無意味な綴りが用いられる。プライムの意味内容によって，ターゲットの認知過程（たとえば有意味語か無意味語かを判断する）の反応時間が，異なってくるというわけである。

反応時間の異なり方には，たとえば，プライムの意味内容に関連したターゲットの有意味語は，プライムに無関連な有意味語や無意味綴りよりも反応が速くなるといった「促進効果」を及ぼす

Topic 直接プライミング効果と間接プライミング効果

直接プライミング効果

プライムとして提示された刺激と同一の刺激がターゲットでも使用された場合の認知的課題の遂行成績において、促進効果が見られることがある。同じ刺激同士の間で見られるプライミング効果ということで「『直接』プライミング効果」と呼ばれている。ここで言う認知的課題としては、たとえば「しんりがく」という単語の「ん」と「が」という2つの文字が空白になっている「し□り□く」という文字列の空白を埋めて単語を完成させるような課題である（単語完成課題）。プライムとして提示された単語では初めて出てきた単語よりもこの種の単語完成成績がよくなるというわけである（図6-1, 図6-2参照）。

間接プライミング効果

プライムとターゲットとで使用される刺激が異なっていても、たとえば意味的に関連していると、ターゲット刺激の認知が速くなるという促進効果が認められる。この種の効果は異なった刺激間での効果ということで「『間接』プライミング効果」と呼ばれている。たとえば、次のようなケースを考えてみよう。

1. プライム　　→　「橋」
   ターゲット　→　「川」
2. プライム　　→　「鍵」
   ターゲット　→　「川」

1の場合には、プライムとターゲットが意味的に関連している条件であり、2は意味的に無関係な条件である。この場合には、2の条件よりも1の条件において、「川」という単語の認知は速く、かつ正確になされる。このような、意味的に関連のある刺激の処理における促進効果は、「意味的プライミング」と呼ばれている（メイヤーとシュヴァネヴェルト, 1971, 1975）。

促進効果の一種

ものと，条件によっては反応時間が長くなる「抑制効果」を及ぼす場合とが存在しよう。しかし一般的に言えば，「プライミング効果」と言ったときには前者の促進効果に限定して用いられる場合が多い（本章での取扱いもそうすることとする）。

さらに，プライミング効果は，「直接プライミング効果」と「間接プライミング効果」とに区別されているが，通常は後者を指している場合が多い（p.121 Topic 参照）。

●「自動的処理」にもとづくプライミング効果

認知心理学者たちは，こうした効果はある程度「自動的」になされるものと考えている。それゆえ，この種の処理は，「自動的処理」と呼ばれている（ポズナーとスナイダー，1975a, 1975b）。プライムが与えられるとわれわれの記憶内の概念に関係するネットワーク（意味的ネットワーク）において，プライムとして与えられた単語と対応した部分が活性化されることになる（コリンズとロフタス，1975）。この活性化は，ネットワークを伝わって周囲の部分に伝わっていく。近い部分のほうが遠くの部分より活性化の影響はそれだけ速く，かつ強く受ける。「橋」という概念と「川」という概念との意味ネットワーク内における距離は，「鍵」と「川」のそれよりもよほど小さなものとなっていると考えられる。それゆえ，「鍵」よりも「橋」というプライムに対して，「川」というターゲットはより認知されやすくなるのである。

●「意識的処理」にもとづくプライミング効果

これに対し，「意識的」な要因が関与したプライミング効果も考えられる。これは「意識的処理」と呼ばれている。たとえば，

	プライム	ターゲット
旧項目（実験条件）	しんりがく ⇒	し□り□く
新項目（統制条件）	———	し□り□く

図6-1 単語完成課題による直接プライミングの実験の例（井上，1995）

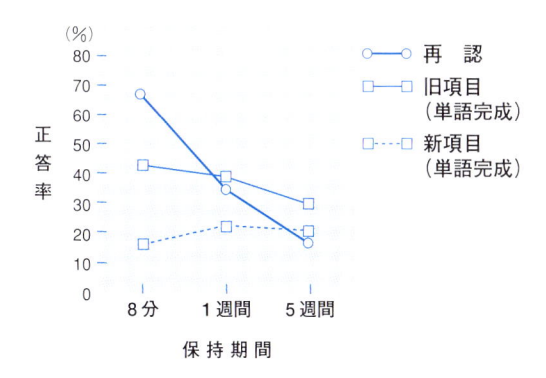

図6-2 直接プライミングの実験結果（コマツとオオタ，1984）
5週間後を見ると、単語完成課題の旧項目がもっとも高い正答率を示している。

刺激にとくに注意を向けるといったようなわれわれの態度や期待が関係する場合がそれである。また，プライムが提示されてからターゲットが提示されるまでの時間をごく短いものにすると，われわれはターゲットが提示されるまでの間にプライムを意識的に処理することができなくなる。それゆえ，このような条件において見られるプライミング効果は自動的処理にもとづいていると考えられる。他方，この間隔時間を長くしたときに見られるプライミング効果の場合には，むしろ，意識的処理にもとづくと考えられる（コリンズとロフタス，1975；デグルート，1984；カーら，1982）。

● プライミング効果と映像理解

映像のショットとショットを結合することは，一般に「モンタージュ」（montage）と呼ばれている。こう表現するとモンタージュは単なる連結作業もしくはその技術を指すように聞こえるが，厳密には前者のショットと後者のショットとが持つ2つの内容（意味）から第3の内容（意味）が生み出される過程を指している。

この働きは2つの命題を止揚することによりこれら2つの命題を越えた第3の命題を産出することであるから，「弁証法的」過程として理解することもできる（第1章 p.23 Topic 参照）。

この働きは，さらに一般化すれば，ショット間についてのみならず，複数ショットから成るシーン間においても，さらには複数シーンから成るさらに長いシークェンス間においても成立するのである。

モンタージュを用いることにより，映像は時間と空間の制約を

ショットA

＋

ショットB

「時間的同時性」の統合原理

「人物の同一性」の統合原理

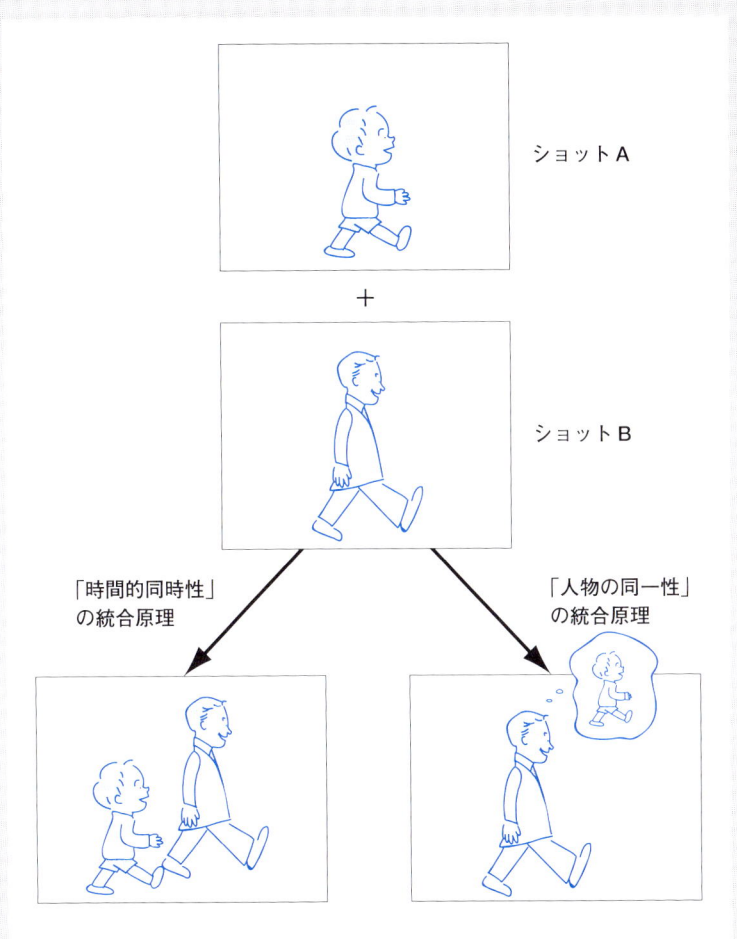

図6-3　時間・空間の制約を超えるモンタージュ効果の例
ショットAは男の子どもが歩いている姿を示している。ショットBは男の大人が歩いている姿を示している。両ショットが1つに統合される際に、その統合原理として、「時間的同時性」が採用されるのか「人物の同一性」が採用されるのかにより、そこで生み出される統合的認識の内容が異なってこよう。前者の場合であれば、たとえば「一緒に散策する親子2人」といった認識が成立し得るであろう。また後者の場合であれば、このような認識は成立し得ず、たとえば「子どもの頃に散策した同じ場所を成人してから（思い出にふけりながら）ふたたび散策する」といったような認識が成立し得よう。

プライミング効果と映像理解

超えた往来が可能となる（図6-3）。すなわち，異なった時間や場所で生起した出来事を結合することが可能となるのである。このような時間的・空間的に飛躍した出来事の結合を可能にさせる点がモンタージュの持つもっとも大きな特徴であろう。

認知心理学で言う「プライミング効果」は，文脈効果の一種である。この効果は，p.120「促進効果の一種」の節でふれたように，先行刺激（プライム）の処理によって，後出刺激（ターゲット）の処理が影響を受けることを指す。人間はこのような時間的に先行した文脈情報を利用する能力を有しているというわけである。したがって，「プライミング効果」は，「継時的文脈効果」とまったく同じことになる。それゆえ，「モンタージュ効果」は認知心理学の言う「プライミング効果」にもとづいた現象と言い直すことができる。

映像学の分野では，モンタージュが有する「新しい意味を創造する働き」をとくに強調して「クレショフ効果」（Kuleshov effect）と呼んでいる（p.127 Topic 参照）。

モンタージュ効果の場合には，プライムやターゲットの役割を担う映像の長さによって，自動的処理と意識的処理のいずれが関与するのかが決まるように思われる。たとえば，短いショットとショットの接続では自動的処理が強く関わるように思われる。したがって，前述のクレショフ効果の場合には，自動的処理の側面が強いように思われる。他方，それまでの筋の展開により形成された知識にもとづく想像的スキーマが動員されるような，シークェンスとシークェンスの接続では，意識的処理の側面が強くなるように思われる。もちろん，両処理が並列に進行し，結果として加算された効果が生み出されている場合もあろう。

Topic クレショフ効果

「クレショフ効果」は、ソビエトのクレショフの主張にもとづいている。彼は興味深い3つの実験を行っているが、そのうちの第3実験なるものを簡単に紹介しておく。まず、以下のような4種類のショットが用意された（図6-4）。

1. 無表情で何の感情も表していない男性の顔のクローズ・アップ
2. 湯気の立つおいしそうな一杯のスープ
3. 死んだ男性
4. セミヌードの女性

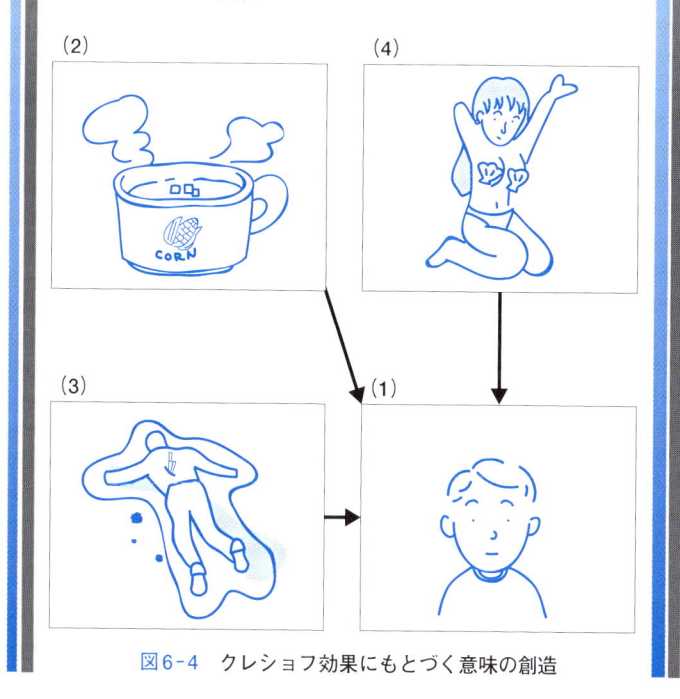

図6-4 クレショフ効果にもとづく意味の創造

プライミング効果と映像理解

プライミング効果は，もっとも一般化した言い方をすれば，われわれ人間の情報処理において，過去の処理が現在の処理に影響を及ぼし，現在の処理が未来の処理に影響を及ぼすことを意味している。すなわち，この効果は，時系列的に提示された情報をわれわれ人間が結合もしくは統合し，作品全体を通じての筋（もしくはストーリー）を理解する上で不可欠な効果である。われわれ人間には，このような効果を生み出す能力がそもそも備わっているのである。

● プライミング効果と長期記憶

　先述したように，プライムとターゲットが同一の場合のプライミング効果は「直接プライミング効果」と呼ばれている。直接プライミング効果はわれわれの記憶を考えるときに興味深い。われわれの記憶を分類するときに，「顕在記憶」（explicit memory）と「潜在記憶」（implicit memory）とに分けることがある。顕在記憶とは，記憶者が何かを想起しているとき，今自分が想起している内容は前に経験したことのあるものだという「再現意識」を伴うものである。他方，潜在記憶はこのような意識を伴わない。潜在記憶の存在は，換言すれば，直接プライミング効果の存在を意味することになる。なぜなら，前に見たり，聞いたりした物や事柄（プライム）に関する想起成績が，前に経験したという意識がなくても上昇していれば，そこに潜在的な記憶の存在を認めざるを得ないし，他方，この働きそのものは直接プライミング効果と考えざるを得ないからである。

　単語完成課題（英単語であれば，単語のスペルのうちの数文字を抜いた刺激を示し，所定の単語を完成させるもの）を用いて行

クレショフはこれらのショットを用いて，

a条件：2→1

b条件：3→1

c条件：4→1

という3種類のショットの結合条件を設定した。すると，同じ**1**の無表情な男性の顔が，

a条件：空腹の印象を与える顔

b条件：哀れみの印象を与える顔

c条件：欲望の印象を与える顔

に見えたという。すなわち，同じ顔のショットが，事前にどのようなショットを与えられるかによって，異なった意味づけをされて見えたのである。この効果は，上述の実験を行ったクレショフの名前を頭につけて「クレショフ効果」と呼ばれているが，まさに，映像におけるプライミング効果そのものと言えよう。

われた実験結果の中には，約1年半後に行われたテストでも明らかなプライミング効果が認められたものがある（スローマンら，1988）。各プライムについて言えば，数秒接しただけであるから，この長期間にわたる効果の持続には驚かされる。

この効果がどのような心的メカニズムにもとづいて生起しているのかについては，いくつかの仮説が示されているものの（たとえば，太田，1988），いまだはっきりしないのが現状のようである。上述の効果が，ターゲット課題を単語完成課題から別のものにすると，必ずしも同じようなものとはならないとの知見もあり，話は複雑な様相を呈している。

プライミング効果と予測

プライミング効果の生起事態を少し分析的に整理し直してみよう。まず，プライムが与えられる。このことにより，意識的プライミング事態では，われわれはターゲットを予測することになる。自動的プライミング事態でも，記憶情報に関する何らかの活動が活性化される。この活動は，広義にとらえれば，無意識的になされた予測活動の一種と言ってもよい。

一般的に表現するなら，プライミング効果は時間的な文脈効果という意味で，人間のもつ予測システムを反映していると考えられる（川口，1988）。われわれの日常生活はさまざまな活動の時間的連鎖によって成り立っている。この連鎖が途切れることなくスムーズに進むためには，意識的・無意識的予測システムの円滑な作動が大事となる。プライミング効果は，まさにそのことのために，本来的に人間に備わっている能力の一つを示しているのである。

参考図書

本田仁視（2000）．意識／無意識のサイエンス──症例と実験による心の解剖　福村出版

　実証的研究の知見にもとづいて，無意識的な情報処理の問題を取り扱っている。第9章と第10章は「プライミング効果」に関連した記述となっており，参考になる。

中島義明（1996）．映像の心理学──マルチメディアの基礎　サイエンス社

　認知心理学の立場から映像情報処理に関する「人間の特性」について考察したもの。数々のトピックという形にまとめて，分かりやすく紹介している。映像情報処理についてさらに勉強したい読者には参考になる。

岡林春雄（1995）．認知心理学入門──その基礎理論と応用　金子書房

　認知心理学の基礎と応用について包括的に分かりやすく解説している。第7章の「意味ネットワーク理論」の中でプライミング効果についてふれており参考になる。

太田信夫・多鹿秀継（編著）（2000）．記憶研究の最前線　北大路書房

　最近の記憶研究におけるトピックを取り上げ，その理論的背景を解説するとともに関連する諸実験についてもふれている。第4章の「意味記憶」（岡　直樹著）でプライミング効果に関するこれまでの研究成果や現在の研究動向が展望されており，この効果のより深い理解に役立つ。

スキーマ

　認知心理学では「スキーマ」という概念がよく用いられる。この概念は，多数の具体的対象に関する一種の「平均的な」知識構造，すなわち，一般的範疇といったものを指している。さまざまな情報にさらされているとき，われわれは，情報源の中心となる主題を発見し，それに従って喚起された「スキーマ」を用いながら，選択的・効率的に処理していこうとする。われわれ人間には，このようなトップダウン的情報処理機構が備わっているとされている。

　本章では，物語や文章や映像の理解にとって，あるいはまた日常的会話の進行にとって，スキーマがいかに大事な働きをしているのかについて論ずるとともに，スキーマという概念が抱える問題点についても考えてみたい。

「スキーマ」を理解するための「スキーマ」

これまでに、われわれの有する「情報処理過程」に関わる重要な認知変数として、メタ認知、処理資源、ワーキングメモリ、展望的記憶などを取り上げてきた。そうなるとそろそろ出番となるのが本章で取り扱う「スキーマ」（schema）であろう。

しかし、考えてみると「スキーマ」という概念はかなり曖昧な定義のままに使用されてきた嫌いがある。この概念を用いる人や分野によって微妙にニュアンスの違いや「ことば」自身も変化している。たとえば、図式（シェマ）、スクリプト、フレーム、プランといった用語があるが、これらはすべて「スキーマ概念」という旗の下に属する「ことば」であろう。

まず、スキーマが意味する一般的内容を述べておこう。この内容を理解することは、まさに「スキーマを理解するためのスキーマ」を活性化することになろう。

認知心理学では「スキーマ」という概念がよく用いられる。この概念は、ある種の知識構造というものを意味している。しかし、スキーマと言ったときには、1つの具体的対象に関わる知識構造というよりも、多数の具体的対象に関する一種の「平均的な」知識構造、すなわち、一般的範疇といったものを指して用いられているようである。それゆえ、スキーマは、知識のもっとも大きな単位を意味していることになる。

さまざまな情報にさらされているとき、われわれは、このような情報を単純に知覚し、構造化していくだけではなく、情報源の中心となる主題を発見し、それに従って喚起されたある心的枠組みを参照しながら、選択的・効率的に処理していこうとする機構、いわゆるトップダウン的処理機構を持っているとされる。このよ

Topic 映像における「カットバック」の技法

「物語スキーマ」が作用するのは，何も本を読む場合に限られるわけではない。話を聞いたり，映像を視聴する際にも同様の働きを認めることができる。

映像技術の一つにカットバックと呼ばれる技法がある。カットバックでは，カットの提示が事象の生起順序（事象A→事象B）に従って提示されるのはなく，事象Bのカットのほうが先に提示され，その後で事象Aのカットが提示される。この順序は，通常の物語スキーマである「物語の『順序』に関する文法」からすれば，それに反する構造となっている。そのため，ストーリーを正しく理解するためには，視聴者は時間的に逆行して意味づけをしなければならない。この作業は，事象の生起順に従って提示される「通常のカット」の理解に比べ，視聴者により高度な認知メカニズムの働きかけを必要とさせる。そのため，たとえば，映画の「動き」（順向性の提示事態）の認識は，低年齢の幼児にも可能であるが，カットバックの理解はそうはいかないのである。

内田（1985, 1992）は2つの絵に描かれた出来事の統合的理解についての実験的検討を行っている。彼女は図7-1に示すような2つの絵を幼児たちに提示し，これら2つの出来事を統合して説明できるかどうかを調べている。その際，絵の提示順に関し，図7-1の(1)→(2)（順向条件）と，(2)→(1)（逆向条件）の2条件を設けている。(2)→(1)の順序は，出来事の生起順序が逆になっている場合であるから，ここで問題にしているカットバックの刺激提示事態になっている。また(1)→(2)は，あるシーンから別のシーンへと画面が切れて進行する「通常のカット」の刺激提示事態に相当しよう。

3歳前半から6歳前半までの半年ごとに区切った7群の幼児たち

うな心的枠組みがここで言う「スキーマ」に相当する。すなわち，スキーマとはさまざまに変化する外界の事象を理解するために用いられる「よく組織化された」一般的あるいは「典型的」な知識・データ構造である，と仮定されている（ラメルハート，1979；ラメルハートとオートニー，1977など）。このようなスキーマが情報の処理過程において果たす役割として，

1. 情報抽出時の処理の効率的配分を行い，特定のテーマへ焦点化（フォーカシング）する
2. スキーマの持つ典型的な様式を参照して個々の事象間の構造を体制化することにより，理解・記憶を容易にする

ということが挙げられる。

スキーマは情報を処理する際に機能するが，その効果は必ずしもプラスにだけ作用するとは限らない。「思い込み」により判断を間違うことがあるが，これはスキーマがマイナスに作用した場合と考えることができよう。

物語スキーマ

人々は聞いたり，読んだりしたものを理解する際に，いろいろな「スキーマ」を用いる。ここで言うスキーマとは，物語の理解や記憶を行う際に用いられる，概念的に構成された一種の「予期」である。このスキーマにはいろいろな種類が存在するが，中には何か「文法」のような形を取るものもあると言われている。文法とは，物語中の構造単位を細かく分けるために用いられる一種の規則であり，それにより，構造単位が論理的に並べられたり，互いに関連づけられたりすることになる。

たとえば，このような文法の中で，重要なものの中の一つに

について，2つの出来事を統合的に説明できたかどうかを分析した結果をみると，①年齢とともに成功数が増加し，②明らかに，いずれの年齢においても逆向条件のほうが順向条件よりも困難であることが分かる。問題は，この逆向条件において，いかなる統合のされ方がなされたかということである。

内田（1985, 1992）によれば，カットバックは以下のような3種類の統合方略が区別されるという。

1. 事象順方略：本来の出来事を生起順だけを規準に統合する（○ちゃんは石につまずいて転んだ。そして，ひざのけがをした）。

2. 提示順方略：出来事の提示順を規準にして統合する（○ちゃんは転んでひざのけがをした。そして，また転んだ）。

3. 逆順方略：「だって〜だもん」というような因果・時間関係の接続形式を用いて，後の出来事から前に遡って結果の出来事が起こった理由づけを行う（○ちゃんはひざのけがをして泣いている。どうしてかというと，さっき，石につまずいて転んだから）。

逆向条件において，逆順方略がとられることがカットバックの正しい理解につながることになる。しかし，内田によれば，このようなケースはきわめて少なく，5歳後半以後に若干現れたにすぎないという。

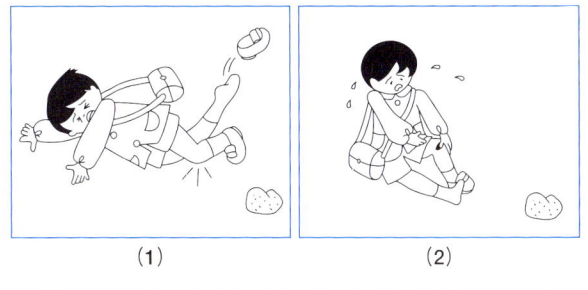

図7-1 出来事の統合的理解に関する実験（内田, 1985）に用いられた刺激材料の例

「順序」に関するものがある。一般的に言えば，人々は，標準的な順序に従っていない（すなわち，文法に従っていない）物語を聞いたり読んだりするときには，標準的な順序に従っている物語より，その内容を理解するのにより多くの努力を必要としよう。また，その物語の記憶も弱化したり，想起の際にはその内容が標準的な順序の方向に向かって変容してしまうといったようなことも起こり得よう（p.135 Topic 参照）。

このような事実は，さらに一般性を持たせた解釈をも可能にさせる。「物語」を散文的・小説的物語に限らずに，一定の順序を有する材料すべてと考えてみればよい。たとえば，複数の事象の継起や層状あるいは樹状構造を有するような材料なども機能的にこの範疇に入れられないであろうか。言い換えれば，記憶材料に何らかの「構造」というものが存在し，しかも，われわれの心の中にこの種の構造の標準となるようなものが存在すれば，上で言及されたことと同じようなことが生起するのではあるまいか。すなわち，この標準的構造に反しバラバラになっているような材料の記憶は劣化し，逆に標準的構造に合致しているものほど記憶がよくなるのである。記憶の研究において，一般に，構造化されている（ストラクチャード）ものほど，そうでない（アンストラクチャード）ものより記憶の保持がよいことが知られている。上に見た「物語スキーマ」の効果も，大きくは，この効果の一つの変化型と言える。

アウトラインと見出しの効果

われわれは，自分たちの読んでいる文章について，その情報が正確かどうか，正しく判断できることが望ましい。すなわち，わ

Topic アウトラインと見出しの効果に関する実験

アウトラインというものは，本文の「構造」（たとえば諸命題の「順序」関係や，命題間の「ヒエラルキー」関係など）に関する情報を十分に提供することができるので，それだけ関連スキーマを刺激しやすくしていると考えられる。しかしながら，本文に先立って提示されるため，その多くの部分は，読み手が本文を読み進めるうちに忘却されてしまう可能性がある。それに対し，見出しのほうは，読み手に対して，本文の「構造」については限られた情報しか与えることができないが，本文中のそれぞれ適切な箇所に配置されているわけであるから，忘却の恐れもなく，こちらもそれだけ関連スキーマを刺激しやすくしていると考えられる。

このように，アウトラインと見出しは，関連スキーマの活性化に対し，一長一短の特性を有していることが予測されるが，グローヴァーとクラッグ（1988）は，両者の効果に関する興味深い実験を行っている。

彼らは次のような4つの条件を設けている。

1. アウトラインが本文に先立ってつけられている条件
2. アウトラインの記述の中から引用して作った見出しを，本文中のしかるべき場所に挿入してある条件
3. アウトラインが本文に先立ってつけられることと，見出しの本文中への挿入とが組み合わされた条件
4. 上のような操作のないコントロール条件

「近代ヨーロッパ史」の授業の履修が終了したばかりの60人の高校生が被験者として実験に参加した。実験に用いられた本文は，近代ヨーロッパ史に関係した書籍から採られた1946〜1951年におけるヨーロッパの出来事についての，2,500語から成る記述であっ

れわれは文章の意味内容を比較対照し，さまざまな文章に現れるかもしれない食い違いが分からなければならない。このような一種の「批判的」読解能力は，別の言い方をすれば，自分の知識と矛盾している叙述を確認する能力であるとも言える。

　この読解能力を高めるために，本文のアウトラインや，本文中に挿入されている見出しが効果を持つことが考えられる。

　「アウトライン」は，本文の中の諸命題をざっと描き，これらの命題の並ぶ「順序」を示している。したがって，本文に入る前に，そのアウトラインを注意深く読めば，前述の「順序」のスキーマが働き，本文全体の読解力は大いに高まることが期待される。あるいは，文章で表現されている考えと関連づけられる「スキーマ」が，活性化されるかもしれない。そして，この関連スキーマの活性化が，文章の意味の不整合とか，正常でない考えに対する感受性を高めることが期待されるわけである。言い換えれば，われわれが，本文を読むに先立ち，注意深くアウトラインを読んだなら，アウトラインを読まなかった場合に比べ，誤った記述をより多く確認することができるであろう。このような活性化された関連スキーマの働きは，本文に含まれる情報を，知識として吸収すべきか誤った内容として拒絶すべきかといった判断過程の入る，いわゆる「発見学習」の基礎を成すとも考えられる。

　同じようなことが，本文の区切りや段落につけられた「見出し」についても言える。なぜなら，見出しは本文に関する記号の一つの形態であるから，関連スキーマを活性化し，本文の理解に向かわせる働きを持つに違いないからである。それゆえ，おそらくは，見出しのついた本文における誤った記述の発見は，見出しのない本文における場合より，よくなることが予測される。先に見たア

た。この中から15文が削除され，代わりに明らかに間違った内容を示す15文がそれぞれの箇所に挿入された。以下はその例である。

【元の文】

ソビエト軍は1950年代初めにポーランドを占領し続けた。

【誤った内容のさしかえ文】

英国軍は1950年代初めにポーランドを占領し続けた。

アウトラインは本文の前に「序文」としてつけられ，見出しはアウトラインの文章中から適切な表現をそのままの形で抜き取り，各該当個所に挿入した。

被験者の高校生たちは，授業の際に受けとった小冊子にもとづいて，4条件にランダムに振り分けられた。すべての被験者が「文章を注意深く読んで，理解しにくいとか不適切・不正確な内容を含んでいると思われるすべての文章をチェックするように」求められた。コントロール条件の被験者にはそれ以上の教示は何も与えられなかった。

アウトライン条件の被験者は，さらに，「アウトラインも注意深く読んで，白紙にその内容を書き写すように」求められた。そして，アウトラインを書き写し終わった後に本文を読んだが，アウトラインをふたたび読むことは許されなかった。

見出し条件の被験者は，コントロール条件の被験者たちと同様の教示であったが，「文章を読み進むと同時に，見出しも注意深く読むように」求められた。さらに，この条件下の被験者は「それぞれの見出しを文章の近くに設けられたスペースの中に書き写すように」求められた。

アウトラインと見出しの組合せ条件の被験者は，アウトラインだけのときの教示と見出しだけのときの教示とが組み合わされた教示が与えられた。

すべての条件の被験者は，共に，自分のペースで読むことが許

ウトラインは，本文中の諸命題の「順序」や「ヒエラルキー」といった「構造」に関する知識を与える働きをしよう。こうした働きに関する「スキーマ」は全体的レベルの「スキーマ」であり，先述の「物語スキーマ」と同じものであろう。他方，見出しは，本文の各ポイントにおいて働く，いわば個別レベルの「スキーマ」に影響を及ぼすと考えられる。

そうであれば，この知見を学習場面に応用することができよう。たとえば，教師がアウトラインと見出しに十分な工夫を凝らした教材を用いれば，学生たちはそれまでの自分の知識と合致しない教材の記述をそれだけ発見しやすくなり，「発見学習」の効果を高めることができる（p.139 Topic 参照）。

スクリプト

スキーマが働いているからこそ，日常生活におけるさまざまな会話が，細部にわたる詳細なものでなくても，われわれは十分にコミュニケーションができるのである。日常生活において，同じような場面に遭遇すれば誰もが共通して行う類の行動の系列や，同じような場面の中では決まりきって生起する出来事の系列に関する知識，すなわちスキーマは，とくに「スクリプト」（script）と呼ばれている。たとえば，ある場面の中で会話をする人々について言えば，これらの人々の中でこのスクリプトが共有されているからこそ，会話の中にいちいち細部にわたる説明を挿入することなく，スムーズかつ効率的に会話が進行するのである（p.145 Topic 参照）。

された。

結果は表7-1のようになった。

この表を見ると、アウトラインと見出しとを組み合わせた条件が、もっとも多くの誤り文を発見している。また、アウトラインのみの条件も、見出しのみの条件も、それぞれが、コントロール条件よりも同程度により多くの誤り文を発見している。しかし、これら両条件の間における差異は認められない。

上の結果は、アウトラインと見出し文の影響が、独立した別々のスキーマに効果を及ぼしたことを示唆していると考えられまいか。すなわち、アウトラインは本文中の諸命題の「構造」に関する全体的レベルのスキーマを活性化し、他方、見出しは本文の各ポイントにおいて働く、いわば個別レベルのスキーマを活性化したというわけである。さらには、両スキーマの効果が加算的に作用した可能性がある。

表7-1 アウトラインと見出しが誤り文発見に及ぼす効果
（グローヴァーとクラッグ、1988より）

実験条件	発見された誤り文の数	標準偏差
アウトライン＋見出し	13.07（87％）	1.35
アウトラインのみ	8.53（57％）	2.17
見出しのみ	8.47（56％）	2.57
コントロール	3.93（26％）	1.92

注：本文中に誤り文は全部で15存在している。

映像によるスキーマの逆利用

このような知識の働きを逆に利用して、ストーリーの展開に関するわれわれの理解を誤らせ、楽しませてくれる典型例が「推理もの」の映像であろう。レストランの正面口を入る男のシーンに続いてそこから出てくる同じ男のシーンがあれば、われわれが所持している通常のスキーマ（もしくはスクリプト）からすれば、その男がレストランで食事をして出てきたと理解する。しかし、この男はレストランの正面口を入るとそのまま裏口に直行し、そこから外に出、ある事件を起こしてから、ふたたびレストランの裏口から入り、正面口に直行し、そこから出てきたとしたらどうであろうか。視聴者はそのことに気づかず、犯人の同定を誤ることから、推理を楽しむ素地が出来上がるという具合である。この手口は尾行者をまく際にもよく使われる。

スキーマの違いによる対象理解の相対性

上に見てきた例より、さらに一般化して考えてみるならば、われわれの「常識」というものも一種のスキーマといえる。さらに一般化の程度を上げるならば、「文化」というものも、もっとも高次なスキーマといえよう。これらスキーマの内容が変われば、同じ映像や事象あるいは物理的対象（データ）であっても異なった認識（理解）がなされることになる。この種の相対的性格はわれわれの情報処理過程に常に存在している。

スキーマの可変性

以下において、スキーマの一般的性格について若干の考察をしておこう。

Topic レストラン・スクリプト

　昼食時間にA氏とB氏とが，会社の玄関フロアでバッタリと顔を合わせ，次のような会話を行ったとしよう。

A：「やあ。昼食？」
B：「うん」
A：「昨日は，駅前の○○ホテルまで行ってみたよ」
B：「そう。混んでいた？」
A：「意外と空いていた」
B：「高かった？」
A：「高い，高い！　濃すぎるよ，あそこは。のどがかわいてしょうがなかった。もう行かない」

　上の会話において，BはAの「昼食？」というセリフから，いわゆる「レストランに関するスクリプト」を活性化させる。しかも，このスクリプトはAによっても共有されているものであるから，その後の2人の間の会話では，下において（　）が付されているような細部にわたる説明的セリフを必要としない。

A：「やあ。昼食？」
B：「うん」
A：「昨日（の昼食）は，駅前の○○ホテル（のレストラン）まで行ってみたよ」
B：「そう。（レストランは）混んでいた？」
A：「（レストランは）意外と空いていた」
B：「（料理を注文し，その料理を食べ終わって，レストラン

スキーマの可変性

スキーマは，一定不変のものというより，常に変化するものとも考えられる。なぜならば，あるスキーマが用いられ，情報の処理が行われたとすれば，その結果として，このスキーマの適用範囲に新たなデータが追加されたことになるので，場合によってはスキーマ自身を改造したほうがより整合的でよりよいものとなることもあろう。スキーマと言うと何かスタティックで固定的な感じがするが，本来はこのようにダイナミックで柔軟なものであろう。しかし，あまりに柔らかすぎてころころ変わるものであれば，スキーマという概念を立てること自体の意味が問われることになるまいか。だからといって，一定不変の固いものであれば，その機能はきわめて狭いものとなることから，これまたスキーマという概念をわざわざ立てることへの必要性が問われかねない。であれば，「ほどほどに固くてほどほどに柔らかい」ものが一番「スキーマらしい」ということになるが，「ほどほどに」とはどの程度を考えたらよいのであろうか？

🔵 スキーマの種類と数

　スキーマというものは一体どんな種類のものがいくつくらいあるものなのであろうか。考え方によれば，データの種類というものが無限に存在し得るわけであるから，スキーマもまた無限に存在するとも言えよう。該当物が無数に存在する場合に常套的に用いられる思考の進め方は，これらが「階層構造」を成すと見なすことである。すなわち，順次上位のものと下位のものとに区別でき，埋め込み構造を有する樹枝状の階層を成すと考えるわけである。スキーマの場合も「例外でなく」，このような発想がなされている。

を出る際に支払った勘定は）高かった？」
A：「（勘定は）高い，高い！　（そのレストランの料理の味付けは）濃すぎるよ，あそこは。（そこの料理を食べると）のどがかわいてしょうがなかった。もう（あそこのレストランへは）行かない」

　このように，スクリプトを共有することが，われわれのコミュニケーションを十分かつ効率的に進行させるために必要不可欠な要件となるのである。

そうだとすれば,これら複数のスキーマはばらばらに作用するのではなく,1つの目的に向かって協同的に作用するはずである。しかし,一体,いくつのものがどの程度に協同し合うのであろうか。

考えてみれば,上の調整作業もまた,本書の第2章で取り上げた認知についての認知すなわち「メタ認知」が果たす役割ではなかろうか。そう考えると「メタ認知」の働きの重要性が再認識される。

しかしながら,「メタ認知」の考え方の背景にもその影を見ることになるが,第4章「ワーキングメモリ」でもみたように人の「心」の中（あるいは「頭」の中？）に人の情報処理をコントロールするもう一人の人を仮定すること（すなわち,「小人化主義（ホムンクショナリズム）」）の何と便利なことか。認知の「発生」に関わる問題に悩んだときは,いつでもこの仮定に逃げ込めばよいからである。

●●●● 参考図書

小谷津孝明（編）(1985). 認知心理学講座2　記憶と知識　東京大学出版会

本書の中の「記憶におけるスキーマ理論」を扱った章（川﨑惠理子著）がスキーマのさらなる理解にとって参考になる。

岡林春雄（1995). 認知心理学入門――その基礎理論と応用　金子書房

認知心理学の基礎と応用について包括的に分かりやすく解説している。第6章の「スキーマ理論」はスキーマについての理解をより確かなものにさせる。

基　　準

　「基準」という概念は，その本質を一般的定義のような形で表現するのがきわめて難しい概念であり，各人固有の定義が可能なようにも思われる。それゆえ，最初から明確な定義を与えようと多くのエネルギーを費やしても，そこからあまり有意義な結果が生まれるようには思われない。むしろ，「基準」が関与していると直観的に思われる具体的な事例を数多く述べることのほうが生産的なように思われる。なぜなら，これら多くの事例にふれることにより，初めて，「整理概念」あるいは「総括概念」の必要性が痛感されるのであり，また，その概念としての「基準」の定義が抽出される可能性が生ずるからである。

情報処理と「基準」

われわれが対象を「みる」場合を考えてみると、非常に感覚的なレベルの「視る」から、事象の背後にある性質や内容について思いをめぐらす「観る」のレベルまでの広がりを有する。すなわち、「情報処理」と一口に言っても、「視る」「見る」「観る」といったようにいろいろな次元が考えられるのである（図8-1）。

ところで、情報を処理し、ある対象を認識するということは、その対象自体の属性・性質でその認識内容が決まるといったような単純なものではない。その対象自体の大きさだとか、形だとか、色だとかいった属性に加えて、その対象までの距離だとか、あるいはその対象に対してどういう照明が当てられているかとか、その対象の背景がどのようになっているかとか、その対象に対する社会的評価がどのようになっているかとか、その他いろいろないわゆる外的情報と、その対象を観察している人自身のいろいろな内的情報とが関係しているのである。こういう外的・内的な諸情報が1つに統合されて、その個体にとって1つのまとまりのある、意味のある「シーン」として認識されるわけである。

このように、さまざまな情報を「統合する」という課題的側面が情報処理には必ず入ってくる。それゆえ、これは一種の「問題場面」と考えられる。認識上の問題場面という意味で、ここでは、「認識的問題」と呼んでおくことにする。

この情報の「統合」が行われる際に、われわれには直接的には意識されないけれども、その背後に「基準」というものが使われている。どういう「基準」が使われるかによって、われわれに認識される内容が違ってくるわけである。さまざまな情報を1つに統合する認識上の問題場面と考えるのであるから、結果的にわれ

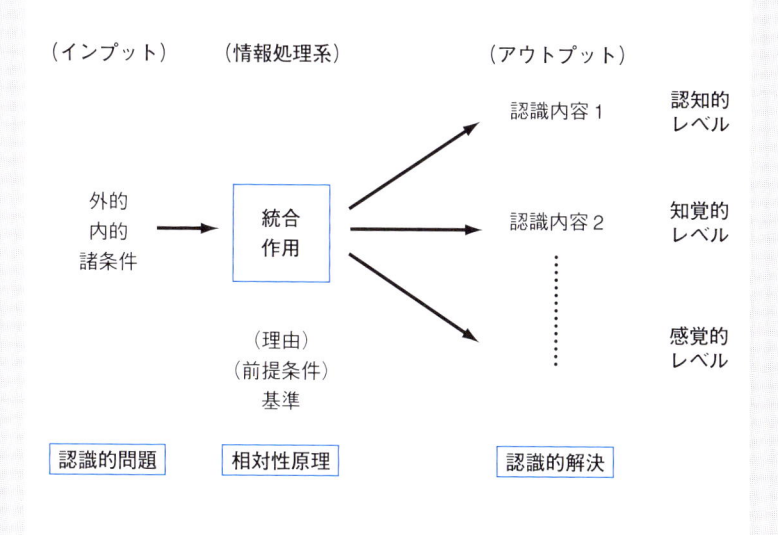

```
（インプット）   （情報処理系）      （アウトプット）

                                    認識内容 1      認知的
                                                    レベル

   外的           ┌──────┐
   内的    →     │ 統合 │  →      認識内容 2      知覚的
   諸条件         │ 作用 │                          レベル
                  └──────┘           ⋮

                                                    感覚的
                    （理由）                        レベル
                  （前提条件）
                    基準

┌──────────┐    ┌──────────┐       ┌──────────┐
│認識的問題│    │相対性原理│       │認識的解決│
└──────────┘    └──────────┘       └──────────┘
```

図 8-1　ものをみる（視る，見る，観る）

情報処理と「基準」

われに何かの内容が認識されたということは，その内容は認識上の問題に対する「解」が得られたということになる。それゆえ，この認識上の問題解決を指して「認識的解決」と呼んでおく。この「解」には可能性としてはいろいろなものがあり得るのである。しかし，そのときに，どういう「基準」が使われたかによって，1つの「解」が選ばれているわけである。

以上のことを包括的に言えば，次のようになろう。外的・内的な諸情報を統合する「認識的問題」に対する「認識的解決」にはいろいろな「解」があり得るが，個体の側の用いる「基準」により，1つの「解」が選択され，結果としてわれわれは1つの認識内容を得る。

この「解」が起こるレベルは，きわめて感覚的なレベルから高次なレベルまでの広がりを有している。たとえば，今，これを高次なレベルから認知的レベル，知覚的レベル，一番低いところを感覚的レベルと表現して，便宜的に3つのレベルにカテゴリー化してみよう。それぞれのレベルにおいて，さまざまな現象例が考えられる。しかし，いずれも前述のように，「基準」の違いにより認識される「解」の内容が異なるという意味で，相対的特性が働いていることになる。

認知的レベルにおける「認識的解決」

茶室にみられる基準

たとえば，以下のような茶室での経験を考えてみよう。利休の草庵風茶室というものは，とくに初期の頃はあまり大きな窓はあけられていない。出入口は，にじり口と呼ばれる，人がしゃがみ込んで背を丸めてやっと入れるくらいのものが用いられている。

Topic 野球の「上昇する速球」は錯覚？

　われわれが用いる「基準」には内在化されたものもある。野球の投手が投げる変化球がその一例である。変化球にはカーブのように，投げられた球の軌道が実際に物理的にカーブしている場合もあるし，主観的にそう見えるにすぎない場合，すなわち錯覚の場合との両者がある。状況によっては，両者の要因が合わさって生起している場合もあり得よう。

　マクビース（1990）によれば，そのうち，上昇する速球，伸びる速球とでも言うのであろうか，バッターの前あたりでキュッと上昇するように見える変化球は，前二者の後者の場合，つまり錯覚によると言う。ボールに回転をかければ，球は物理的にも上昇するはずだと読者は思うかもしれない。マクビースはちゃんとそれはチェックしている。つまり，高速度カメラで写して見たのである。すると，やはり物理的に上昇はしていなかった。考えてみれば，投手と捕手の間にあれだけの距離をかなりの質量を有するボールを投げるのであるから，いくら回転をかけても物理的に重力に逆らって「上昇」するというところまではいかない。回転をかけてもせいぜいのところ落ち方が少し緩いぐらいのところで，上昇はしていない。しかし，バッターの目にはキュッと上がったように見えるから，これは完全に錯覚だとマクビースは言っている。

　この錯覚はどうして起こるのであろうか。マクビースによれば，バッターが投球の最初の速度を過小評価しているのだというわけである。過小評価させる仕掛けはいろいろあるかもしれない。たとえば，投球モーションをゆっくりと行い，バッターの目には緩いボールを投げるように見せかけながら，ボールを離すときには

人が出入りした後には板戸がたてられるから，周囲の壁の一部に化す感じになる。しかも，雨戸を閉めることにより，非常に遮蔽の度合いの強い空間を出現させることになろう。この仕掛けは何のためのものであろうか。外界との遮断の度合いを強くするということは，それまでの「価値的基準」から別の「価値的基準」が作用する新しい認識世界へ入りやすくしているわけである。

「価値的基準」が変われば，物理的状況が同じであっても，われわれに認識される経験内容，認識内容が変わってくることになり，ここに前述の相対的特性を見ることになる。茶室の外の，それまでの生活世界における価値的基準からすれば，何の変哲もない空間の中に，われわれは宇宙世界をも感じることが可能となるのである。また，閉めきった雨戸を一気に開け放つことにより，それまでの遮蔽空間で作用していた「価値的基準」からふたたび新たな基準への転換がもたらされ，日頃見慣れたはずの緑の木々や庭石の風景の中に，初めて体験するような新鮮にして輝かしい世界を見ることになるのである。

洗脳と基準

遮蔽空間に関係した例であれば，「洗脳」も同じような仕掛けを用いていると考えられる。洗脳は通常は窓のない，遮断の度合いの強い部屋で行われるようである。「洗脳」は一種の「価値的基準」の変更を強制的に行う場面であるから，外部からの「価値的基準」を持ち込みにくい，あるいは，それが作用しにくい仕掛けや場を設定したほうが行いやすいことになろう。それゆえ，外側の今までの「価値的基準」の働いている世界とのインタフェースの役割を果たす大きな窓や絵画のような装飾品の取り付けられた部屋では行いにくいと考えられる。

手首を使いギュッと速度をつける方法がある。あるいは速いボールを数回続けて投げることにより，バッターの速度に対する順応水準を上げておいてから少し緩い球を投げると速度の過小視が起こる。これは，ちょうど，高速道路を車で走行してから，一般道路に降りた際に走行速度の過小視が起こりつい速度を出しすぎてしまい，速度計を見て驚くといった日常経験と同じ原理による。

　とにかく，何らかの方法により，バッターが投球の最初の速度を過小評価したとする。そうすると，見かけ上の速度に対するボールの位置というのは実際のボールの位置より少し後ろで，少し下になる。つまり，時速100キロ前後の相当に大きい速度で動いているので，バッターの目にはボールまでの距離をあまり明確に知覚することは不可能である。だからこそ，ここで問題にしているような物理的な位置からずれた主観的な軌道というものが，認識上成立し得る余地が生ずる。ところが，ボールがホームベース上を通過して，その直後，捕手のミットにおさまることになる。おさまった瞬間には，ボールの物理的位置というものは，とにかく決まることになる。ボールの走っている物理的な時間も，捕手のミットにおさまれば，そこで終わってしまうわけである。

　バッターはボールの速度を過小評価しているわけである。それゆえ，ボールがホームベースに至る直前の見かけ上の位置は，物理的な位置よりも少し下方で，少し遠方に見えることになる。そうするとバッターの目には少し下方で，少し遠方に見えたボールが，捕手のミットには予期した時間よりも早く，しかも予期した位置よりも高くおさまることになる。そこで，このように物理的にいえば矛盾した内容の認識上の解決が求められることになる。このとき，ボールの軌道が途中でポッと切れて，ボールがミットに忽然とおさまっていたというような認識的解決は選択されていない。

高い塀がめぐらされ，外側の日常の生活世界との交流が断たれているような隔離空間（たとえば監獄や刑務所など）では，日常の生活世界において作用している「価値的基準」では理解のできない行動や事件が出現することがある。しかし，中にいる人々にとっては，それがあまり違和感を感じさせるものとして認識されていない場合がある。こういった現象も，「基準」の相違による認識世界の相違という相対的特性のもとに理解することができる。

知覚的レベルにおける「認識的解決」
金沢と京都

　次に，もう少し認識上のレベルを下げ，知覚的レベルにおける「認識的解決」の例に話を移すことにしよう。

　金沢市の中央部に金沢城跡がある。この城跡の周辺道路を車でめぐってみるとよい。目標地点に近道するためには角を2回曲がればよいと見当をつけて走行してみると，期待していた方向と別のところに出てしまう。これは，金沢城の周辺の道路は角が90°の直角曲りではなくもっと緩い鈍角になっているからである。そのため，数回角を曲がると自分の現在地が分かりにくくなるのである。このような曲がり角は加賀百万石の前田藩によって敵の侵入に備えて意識的に設けられたらしい。われわれが日常の生活において自分の移動方向を判断する際に用いる基準は直角座標系である。それゆえ，そのような座標系にうまく合致していない鈍角状の曲がり角は数回曲がるだけでわれわれの定位判断に混乱を生じさせるのである。

　他方，京都の場合は金沢と逆のケースにあたろう。京都では何本もの道路が東西南北に直交して碁盤の目のように走っている。

では，ホームベースを通過するあたりでボールが速度を上げながらさらに上昇すると認識すればどうであろうか。それまでより加速するわけであるから，それまで予期された時間より早く捕手のミットにおさまっても何ら矛盾はないことになる。しかも，それまでより上昇するのであるから，それまでの見え方から予期された位置より上方で捕手のミットにおさまっても，これも何ら矛盾はない。したがって，このような主観的軌道が成立すれば，認識上矛盾しない「解」がもたらされることになるわけである。

　実際，主観的にわれわれはそのような軌道を見ているというわけである。上昇する速球という変化球の生ずる仕組みは，ボールの運動に対する時間的・空間的連続性という一種の内在化された「基準」に照らして，矛盾のない内容という認識的「解」を立てていることになる。別の「基準」が使われれば，たとえば，時間的・空間的に連続しなくてもよいような認識上の「基準」が使われれば，別の認識的「解」が成立するであろう。この場合であれば，ボールの軌道が途中で切れるというか，ある瞬間消えると同時にボールはミットにおさまっているといったような見え方にでもなるのであろうか。実際には，ボールの軌道が途中で消えたり，なくなったりすることは絶対にあり得ないとする時間的・空間的連続性が内在化された「基準」として用いられたわけである。その「基準」に照らして矛盾しないような「解」として，後半部で速度が大になり上昇するという認識が成立したとマクビースは考えたのである。

　このような「解釈」の背景に，認識の相対的特性が存在することは，あらためて指摘するまでもあるまい。

このため，曲がり角を何回曲がっても，その数さえ明確であれば，自分が今東西南北のいずれの方向を移動中であるのか定位することは容易である。町なみの配置が直角座標系に合致しているからである。都心の周囲の環状線の道路とこの道路と都心部を結ぶ道路の配置は，直角座標系というよりむしろ極座標系のほうに合致しよう。このような道路網を使い慣れた人々にとっては，むしろ京都の道路網は定位しにくいということになるかもしれない。

ビックリハウス

もう一つの例を挙げておこう。筆者が学生の頃は遊園地の代表的遊具に「ビックリハウス」（図8-2）というものがあった。最近の遊園地ではこれよりはるかに刺激的な多くの仕掛けが所狭しと並べられているので，ビックリハウスを見かける機会は少ないかもしれない。もし読者の中で入ったことのある人がいれば，あの宙返りの体験を思い起こしてほしい。部屋に入り，中央にあるイスに腰をかけてしばらくすると，イスが揺れだし，そのうちにぐるぐるとイスごと自分の体が宙返りをするのである。これは何かのトリックだと自分に言い聞かせても，宙返りの印象は相当に強烈で，思わず悲鳴をあげたり，イスの縁を手でしっかりとつかんだりといった具合である。この宙返り印象の出現は「誘導運動」（induced movement）と呼ばれる現象を利用している。プラットホームに止まっている電車の窓から何気なく向かい側のホームに止まっている電車を眺めているときにその電車が動き出すと，あたかも自分の乗っている電車のほうが反対方向に動き出したかのように思われることがあろう。上のビックリハウスもこれと同じ種類の現象なのである。物理的に回転運動をしているのはビックリハウスのハウスのほうなのであるが，部屋の回転運動に誘導さ

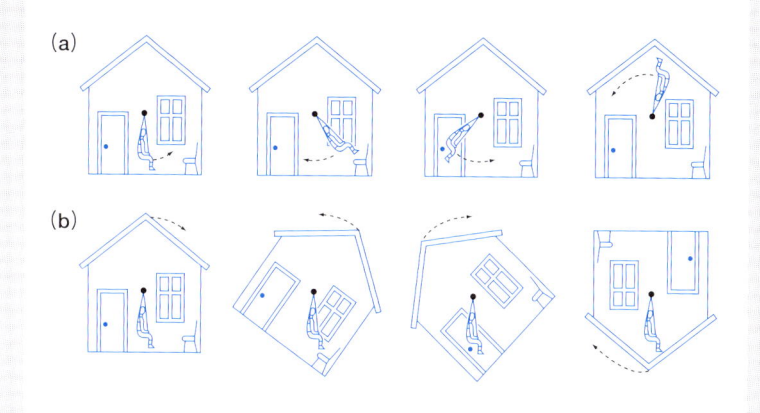

図8-2 自体と対象間の誘導運動──ビックリハウスの原理
（メッツガー，1968）

物理的に回転運動しているのは(b)のようにビックリハウスのハウスのほうであるが、中にいる人には、(a)のようにハウスが静止し、自分のほうが宙返りしているように思われる。

れて，中にいるわれわれ自身の体のほうが宙返りしているように見えるのである。このとき，「基準」になっているのは部屋の壁とか窓とか壁に飾られた絵画とか，壁の稜線などである。このような類のものは，通常の経験世界では動かないものである。それゆえ，われわれの体のほうに見かけ上の動きが誘発されることになり，「認識上の問題解決」が行われているのである。この問題解決の背後に相対的特性が存在していることは改めて言うまでもない。

上の話は視覚情報の枠内のものであったが，ビックリハウスの事態においては，重力情報もまた存在している。それゆえ，この重力情報にもとづいた基準を用いれば，われわれの体ではなく部屋のほうが回転しているという正しい見え方が成立する可能性が残る。しかしながら，一般に人間は重力情報よりも視覚情報優位の生き物である。さらに，ビックリハウスの中のイスが前後に揺り動かされることにより，耳石や三半規管により司られている平衡感覚にもとづく重力情報に混乱が生じよう。それゆえ，この場合には，重力情報はあまり大きな影響力を持たないのである。

知覚的レベルの「認識的解決」には，興味深いものが多く存在する。さらに2つの例をp.153とp.161のTopicに挙げておく。

感覚的レベルにおける「認識的解決」

さらに，認識上のレベルを下げ，感覚的レベルにおける「認識的解決」の例を一つ挙げておくことにする。

冬の寒い日に，外出からもどり，冷え切った体を暖めようと思い，お風呂に入ったときの経験を想起してほしい。湯舟の中のお湯に手を入れると非常に熱い。これでは入れないと思い水道栓を

Topic 「三つ山問題」における子どもの外界理解

　子どものものの見方の特徴に関する大変興味深い研究がある。ピアジェとインヘルダー（1967）は，外界のものの見え方が見る人の位置（視点）によって違ってくるということを子どもたちがどれくらい理解しているかについて調べている。彼らは，大きさ，色，形，山頂の様子（十字架が立っている，小屋がある，何もない）の異なる3つの山が置かれた箱庭を用意した。箱の四辺のうち一辺の前に子どもが座り，さらに箱庭の中の所定の場所に小さな人形が置かれた。子どもに課された課題は，この人形はどのような風景を見ているのかということであった。この問題は「三つ山問題」としてよく知られている。子どもは次の3種類の方法で答えなければならなかった。すなわち，

1. 人形が見ている風景を型紙で作り上げること
2. 10枚の絵の中から人形が見ている風景を選び出すこと
3. 10枚の絵の中から無作為に取り出した1枚の絵につき，そのように見える箱庭中の場所に人形を置くこと

である。このような課題解決に対する子どもの反応を分析することにより，ものの見方に関してピアジェはいくつかの発達段階を区別している。大まかに言えば，

1. 問題自体の理解ができない段階
2. 問題の理解はできるが自分が見ている風景と人形が見ている風景との分離ができない段階
3. 部分的に分離ができる段階

感覚的レベルにおける「認識的解決」

ひねりちょうどよい加減と感じられるまでうめ，体を沈める。十分体が温まった頃に洗い場に立ち，ふたたび湯舟のお湯に手を入れると，これが何とぬるい湯であることか。この現象はもちろん，冷たい体が入ることにより，また時間的な経過により，お湯の温度が下がったこともあろうが，その程度を上まわる温度の下がり方の感じから「感覚的順応」(sensory adaptation) の現象として解釈される。一般に，われわれが体の表面によって感じる温度というものは，物理的な温度というよりは，われわれ自身が有する体表温度と外から与えられる温度との差が直接的な規定要因になると考えられる。したがって，外側から与えられる温度が同じであっても，われわれ自身が有する体表温度が変われば当然にわれわれに感じられる温度は変わることになる。すなわち，われわれの体表温度が「基準」となって温度が感じられることになる。上の例は，この「基準」の温度が上昇することによりわれわれに感じられる温度が減少したことにより生起した現象というわけである。

　同様な経験は，いろいろに存在する。もう一つ挙げておこう。寒い日，暖房されたある部屋に，一人は家の外から，もう一人は暖房してある他の部屋から入ってきたとしよう。後者にとってはちょうどよい室温であっても，前者にとってはむっとするような暖房過剰な状態に感じられることがあろう。この例も先ほどのお風呂の場合とまったく同じで，温度に対する順応水準すなわち基準の変化による現象なのである。

4. 十分な分離ができる段階

といった具合である。

　ピアジェは，子どもの外界の理解は「自己中心性」（エゴセントリズム；egocentrism）にもとづいているという。したがって，子どもには自分の視点からものを見る強い傾向があり，他の視点からのものの見方すなわち相対関係の把握は非常に困難であるという。成長するにつれ徐々に「自己中心性」から脱し，多視点からのものの見方ができるようになるというわけである。

　上の例における「視点の取り方」は，ものを見るときの一種の「基準」の取り方の問題と考えられる。いかなる「基準」を選択するかによりその結果としてのものの見え方（すなわち，認識的「解」の内容）が異なってくることになる。すなわち，この場合にも，そこに認識の相対的特性の存在を見出すことになる。

●「基準」のない世界

感覚遮断実験

　もしも「基準」がなくなってしまったらどうなるのであろうか。そういった「基準」がなくなってしまうようなことは，通常の世界では起こり得ないことと思われる。しかし，近似した事態を人工的に作り出すことはできる。それは無刺激の世界である。

　物理的に完全に刺激を除去することは不可能である。しかし，無変化で一定した刺激に対しては人間はすぐに感覚的順応を引き起こすから，こういった状態では刺激の存在が認識世界から影を潜めてしまい，無刺激と同様の世界が出現してくるわけである。図8-3に見られるように，目には乳白色のアイマスクをかけ，手と腕にはそれらがスッポリとおさまるような厚紙の円筒をはめる。また，防音室を用い，外からの音は遮断しておく。しかし，密閉空間では換気等の必要が起こるからエアコンを動かすことが不可欠となる。したがって内部音としてエアコンの一定音が鳴り続けることになる。このような防音室の中のベッドに横たわり数十時間を過ごした人の経験が報告されている。

　目にはアイマスクをかけている。このアイマスクは光は入るが物は見えない類のものである。腕自体は円筒をつけたままで動かせるわけであるが，触覚刺激はこの筒からくるものに限られる。聴覚刺激としてはエアコンが防音室で回っているから，ある一定音が常に聞こえている。すなわち，視覚は一様の乳白色，触覚は筒により聴覚はエアコンの音により無変化の刺激状態となっている。無変化の刺激はすぐに感覚的順応を引き起こすことから，認識の世界から影を潜めてしまい，無刺激の世界に近似した状況を作り出すことになる。この種の実験は感覚遮断（sensory

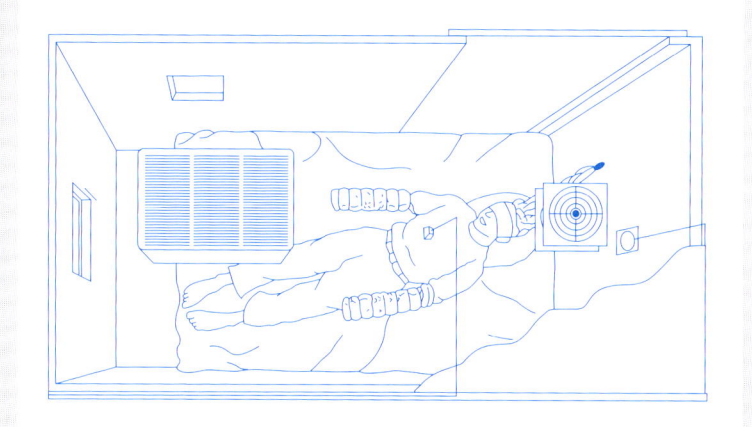

図8-3　ベッド型感覚遮断装置（ベクストンら，1954）

deprivation）実験と呼ばれている。

　このような条件下に入ると，まず眠くなり，十分に寝てしまうことになる。十分に寝てしまった後では，もう寝ようと思っても眠れない。困るわけである。無刺激状態に退屈して，自ら刺激を作り出すことが起こる。すなわち，刺激の自給自足である。まず，意識的自給自足を行うことになる。体を動かしたり，歌を歌ったり，口笛を吹いたり，独り言を言ったり，いろいろなことをやるわけであるが，すぐ種が尽きてくる。すると今度は無意識的自給自足が始まることになる。つまり，幻覚が出てくることになる。比較的簡単な斑点模様から複雑な幾何学的模様や，動物とか人影らしきものまで出てくるという。もちろん人によって異なる内容の幻覚が生じるわけであるが，自分の意志によって変えるといったことはほとんどできないようである。この頃から意識のコントロールに乱れが生じ，知能テストを行ってみると知能の低下が観察されるという。このような状態に耐えられるのは，ほぼ丸2日，48時間程度であったと報告されている。

無刺激状態の限界

　ベッドの上に横たわるという条件では，手や腕は円筒をはめられているけれども，体全体としては動かせるわけである。寝返りをうったりすることはできることになる。すなわち，体全体としてはベッドの上で動くことができるわけである。

　そこで，もっときつい条件として，重症の小児麻痺患者に用いるポリオ・タンクの中に胴体をおさめた状態で横たわるというような感覚遮断の実験が行われている（図8-4）。この場合にも，当然音などについては先ほどと同じような配慮が行われているが，体を動かすことができない。そうすると今度は10時間ほどの経

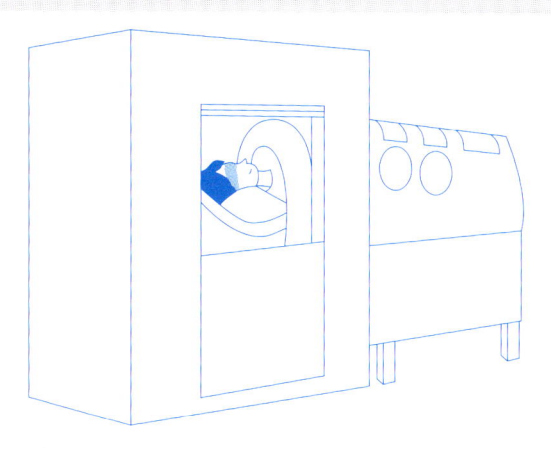

図8-4 ポリオ・タンク型感覚遮断装置（ウェクスラーら，1958；図は中島・太田，1998にもとづく）

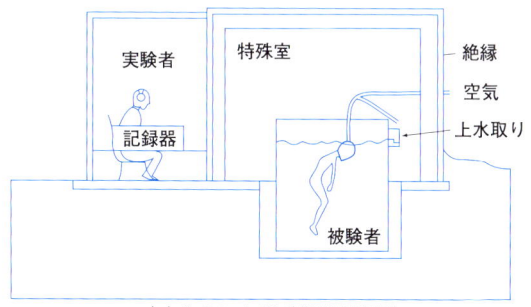

(a) 水タンク型感覚遮断装置

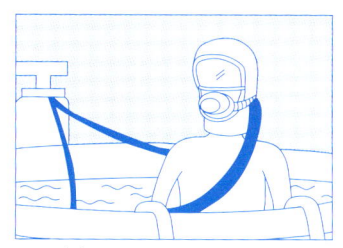

(b) 水タンクに入る被験者

図8-5 水タンク型感覚遮断実験（シューレイ，1960より；図は中島・太田，1998にもとづく）

過で半数の者がギブアップしている。

さらにその後，最大級の感覚遮断として，ぬるま湯の中に裸で浮遊するという実験も行われた（図8-5）。この条件になると，重力にもとづく重力感覚もしくは皮膚感覚といったようなものまで遮断されてしまうことになる。実験開始後なんと4時間ほどの経過で半数以上の者が耐えられず，ギブアップしたという。

これらの結果は，われわれが無刺激の状態にいかに弱い存在であるかを如実に物語っている。無刺激もしくは変化のない持続的刺激の中では，比べるものと比べられるものといった比較過程の生じる余地がない。つまり，「基準」の作用する基盤が見あたらないのである。

このような状態に人間の耐性がきわめて弱い理由は，次のように考えられないだろうか。人間が，意識によるコントロールの可能な周囲から区別される自己というものを維持できている，つまり認識できていること自体が「基準」の存在を意味していると。なぜなら，極論すれば，自己というものは究極的に統合された「基準」そのものとも考えられるからである。

🔵 心理学と周辺科学を連結する「総合的変数」としての「基準」

上に述べてきたことをまとめてみるならこうなろう。人間の情報処理系が直面する外的・内的な諸情報を統合する認識上の問題に対してもたらされた一つの「解」が，認識された内容そのものに相当すると考えられる。その際いかなる「解」がもたらされるかは，個体の側によって用いられる「基準」の内容によって変わってくる。そこに「相対性」が存在することになる。その認識の

Topic 認知療法における基準

　精神医学の領域にも「基準」という概念を持ち込める可能性がある。1979年にベック，ラッシュ，ショー，エメリーによって体系化されたうつ病に対する心理療法に「認知療法」(cognitive therapy) と呼ばれるものがある。この療法では，患者の示す不適応的行動の根底には，思考やイメージなどの認知過程における何らかの問題があることを想定する。それゆえ，その治療論理は，この問題のある認知過程を変化させることにある。

　1963年の論文で，ベックはうつ病患者（50名）と健常者（38名）の思考過程を比較検討した結果を報告している。それによれば，うつ病患者には低い自尊心や過度の自責感や責任感といったような独特な思考内容とともに，独善的な推論や過度の一般化や誇張といったような独特な認知的歪みが見られるという。この発見にもとづき，翌1964年の論文で，ベックはこの認知の歪みを患者の有する「スキーマ」の形成における問題点としてとらえている。それゆえ，患者の有する「スキーマ」すなわち認知的構えに問題がないかを検討し，これをより適切なものへと変容させることがうつ病の改善にとって重要であることを指摘している。

　考えてみれば，個人の行動や感情は，その個人がそのときの広義の環境すなわちそのときの物理的環境や相手の心的内容をどのようなものと認識するかによって，異なったものとなろう。したがって，この「認識世界」を変えることができれば，自ずと行動や感情の異常さは改善されることになるというわけである。そのためには，世界を認識する際に用いられる「スキーマ」が不適切であれば，より適切な「スキーマ」へと修正ないし取替えを行うことが必要となる。上述の「スキーマ」は言い換えれば，本章で言う「基準」のことであるから，認知療法の治療原理は，まさに「『基準』が変わればわれわれの認識世界が変わる」という本章の主張と軌を一にしていることは改めて指摘するまでもなかろう。

　そこで「認知療法」において，一番問題となるのは，「いかにして認識のもとをなす『基準』の転換を行うのか」ということになろう。この点についてはp.171 Topicで若干ふれておく。

「解」のレベルには，たとえば，認知的レベル，知覚的レベル，感覚的レベルといったようなさまざまなレベルが考えられる。この認識上の「解」を得るための前提条件もしくは仮定条件あるいは理由といったようなものが，上で総合的表現として「基準」と呼ばれていたものである。本章では，われわれが情報を処理する際には，すなわち，ものを認識する際には，こういった「基準」にもとづく「相対的特性」が働くという一つの考え方が示されたのである。

このような考え方は，何も心理学だけでなく，社会学の領域でも問題になり得る。山口（1992）によれば，社会学における一つの分野である「知識社会学」が取り扱う研究テーマの中に，「人々のものの見方や考え方がいかにその人の『存在』によって規定されるのか」という問題があるという。この際，この「存在」という概念に何を含ませるかが重要となるが，彼によれば，社会学者の間に合意が成立しているわけではなく，たとえば，マルクス主義に立てばそこには当然「階級」（階層）というものが含まれてくるという。他方，今の日本や先進産業社会を見ると知識社会学の生みの親の一人マンハイムが指摘した「時代の精神的雰囲気」や「競争」，あるいは「世代」といったようなものを考えたほうがよりふさわしいかもしれないという。これらはいずれもわれわれの「見ること」や「知ること」を可能にしている前提条件であるが，山口はこれらは日常的な知や学問的認識の背後で常にそれと気づかれることなく隠れて機能している「黙せるパートナー」（グールドナー）であると指摘している。

このように，「基準」という概念は，心理学だけではなく，社

Topic 認知療法が用いる認知的構えの転換法

　フリーマン（1989）の挙げた「認知療法」の有する2つの特徴から考えると、この転換には次のような一般的方法が用いられているようである。一つは、認知療法家が積極的に患者との相互作用を持つように働きかけることにより、患者が受動的に治療を受けるのではなく、能動的に治療活動に参加するように仕向けることである。この認知療法家と患者の間の積極的共同作業の経緯の中で、「認知的基準」の転換が図られるのである。もう一つは、「現在」の問題すなわち治療作業中の思考や感情に患者の注意を集中させることである。このことにより、過去経験により形成された「先入観」という「認知的基準」からの離脱が図られるのである。

　上述の「認知的基準」の転換のための一般的方法を構成する具体的技法について、フリーマンのまとめたものの中から2, 3を挙げてみれば、認知療法家と患者とが一緒になって、行動に他の選択の余地がないかを検討してみたり、あるいは想像される結果を予測・検討してみたり、あるいは行動のプラス面とマイナス面の両者を比較検討してみたりといったような方法が使われている。また、場合によっては、患者が頭で考えていることを声に出して表現させてみるとか、患者の1週間の活動スケジュール表を作成させてみるとかいったような方法なども用いられるようである。この他にもさまざまな技法が工夫されている。このようなやりとりの中から、1次元的、絶対的、不変的、非可逆的な患者の「硬い」思考様式を多次元的、相対的、可変的、可逆的な「柔らかな」思考様式へと変容させることが目指されているのである。すなわち、多様な「認知的基準」を用い得るような（多視点において物事を認識できるような）思考様式の学習が目指されているのである。

会学や精神医学などいろいろな領域における人間の認識や認知といった情報処理に関わる現象を理解する上で有効な視点となり得る可能性がある。われわれが物事を理解するときに，たとえば，建築物を理解するときに，理解の次元，レベルというのは多くあろう。建物一つを理解するにしても，この建物がどういう材質を使って，どういう耐震構造になっていて，どういうセメントでできているということを聞いて「分かった」と思う人もいるであろう。しかし，人によっては，それを聞いても少しも分かったとは思えない。この建物はいったい何の目的のためにつくられた建物なのか，それを聞いてはじめて自分はこの建物が分かった，理解したと思う人もいるであろう。理解の次元，土俵というものには，いろいろな場が考えられるのである。

「基準」とか「相対的特性」というような考え方を出したときに，今まで考えなかった諸領域にまでまたがった，人間の情報処理に関する脱領域的・領域横断的な整理の仕方ができれば，これは今までにない一つの新しい理解の土俵ができた，場ができたということになろう。

● ● ● ● 参 考 図 書

中島義明（1988）．運動視知覚——基準系とその機能的特性　北大路書房

　運動視現象を「基準系」との関係において考察し，実験的に検討したもの。研究者向きの専門書。

中島義明（1995）．情報処理の心理学——認識と「基準」　有斐閣

　人間に見られる認知的・知覚的・感覚的レベルのさまざまな情報処理現象を「基準」という概念枠組みの下に整理・記述したもの。

Topic　統合失調症と基準

　精神医学におけるもう一つの例を挙げておこう。統合失調症患者が示す症状というのはいろいろな内容があって，なかなか一筋縄ではいかないようである。たとえば，投石（1992）は，丹野・町山らのグループの行った知覚判断課題の興味深い結果について言及している。この課題は，表面のきめの細かさや物体の重さや距離観察などにおいて，「粗」と「密」，「重」と「軽」，「遠」と「近」という2カテゴリー判断を行わせるとよくできるという。すなわち健常者に比べて成績に優劣はあまり生じない。しかし，この2カテゴリーに比べて「等しい」というカテゴリーを加えて3カテゴリーで判断させると，今度は統合失調症患者の間違いがずっと増えるという。どちらかにカテゴライズするということは，何らかの「基準」があってはじめてできることである。したがって，この「基準」という視点で考えるならば，たとえば「粗」と「密」という2カテゴリーであれば1つの「基準」により振り分けられるが，「粗」と「等」と「密」という3カテゴリーであれば，「粗」と「等」の判断のための「基準」と，「等」と「密」の判断のための「基準」との2つの「基準」が必要となる。あるいは，3カテゴリーでは2カテゴリーに比べ，「基準」の働き方もしくは「基準」の内容が複雑になるとでも言ったらよいのであろうか。したがって，統合失調症患者を理解する一つの有効な視点として，「基準」の形成の仕方，維持の仕方，機能のさせ方といった情報処理上の問題を抱えている症状として考えていく方向が示唆されるのである。

Topic 「基準」と「リフレーミング」

 心理療法において「リフレーミング」(reframing)と呼ばれる考え方がある（バンドラーとグリンダー，1982）。セラピストがクライエントに対してものごとの見方や考え方を変えるよう求めるやり方である。すなわち，クライエントが刺激に対して持っている意味を変えるために，クライエントの心の中にある枠組み（「フレーム」）を変えるのである。このようにして，与えられた刺激がクライエントに対して有する意味が変われば，当然ながら，クライエントの反応や行動にも変化が起こるというわけである。

 考えてみれば，このリフレーミングは，われわれが適応的な生活を営むために日常よく用いている手段である。「タバコがやめられなくて困っている」ことのリフレーミングとしては，「タバコを吸うほうが相手との会話に間が持てる」とか，「タバコを吸うことにより，返答をすぐにせずに考える時間を持てる」とか，「タバコをやめればかえってストレスがたまる」とかいったようなことが考えられる。また，「友人たちが自分のうわさ話をしているのを見て落ち込む」ことのリフレーミングとしては，「友人たちは自分に高い関心を持っているからこそうわさ話をするので，無視されるよりはよい」といったようなものが考えられる。いずれにしても身の上相談や悩みの相談の回答内容は，このリフレーミングにもとづいている場合が多い。

 他方，すこし変わった日常例としては，「セールス」がある。すなわち，品物を買う気のないお客を，買う気にさせるセールス

活動の過程である。これは、まさに、お客が品物（刺激）に対して持っている意味を、枠組みの変換（お客との会話の中でこの作業をセールスマンが行うことになる）により換え、従来の反応（買わないこと）とは異なった反応（買うこと）を引き出すわけであるから、リフレーミングそのものの過程に相当しよう。

　リフレーミングは「創造性」を導くための必要条件でもある。今までにない何かを創り出すためには、今までと同じ思考の枠組みの中では新しいものは出てこない。今までとは異なる思考のもとではじめて、刺激（事象、データ）に新しい意味を見出す可能性が生じることになる。したがって、この創造性の本質はまさに、リフレーミングそのものと言える。すなわち、創造性とは同一のことがらに対して異なった多くの文脈からどれだけの意味づけができるのかということ、換言すれば「基準」の取り方のやわらかさのようなものに関係している能力ということができる。

素朴概念

　われわれが何らかの「問題」に遭遇したときには，これまでの自分自身の経験にもとづいて獲得された「考え」（概念/モデルのようなもの）を用いてその問題の解決をはかる。しかしながら，その「考え」が，必ずしも問題の「正しい」解決を保証するものではない。たとえば，外界の物理的世界に関する「問題」は，学校教育などにおける学習を通じてではなく，日常経験を通じて自然発生的に獲得された概念（これを「素朴概念」と言う）を用いてその解決をはかろうとする傾向が見受けられる。

　本章では，この種の素朴概念の具体例として，「『素朴概念』の物理学」を取り上げ，運動力学的事象と静力学的事象の「直観物理学」について考察してみる。

🔵 問題解決

　今，野球において，高く打ち上げられたボールをレフトの外野手が巧みにキャッチする場面を考えてみよう。これを少し異なった表現をすれば，「人はバッターによって高く打ち上げられたボールをキャッチするのにいかに対処するのか」ということになる。これは，さらに表現し直せば，「バッターによって高く打ち上げられたボールをキャッチする」という問題を「いかに解決するか」ということになる。すなわち，一種の「問題解決」（problem solving）の場面なのである。

　それでは，一般に「問題」とは何だろうか。上の例を用いて整理してみよう。

　まず，ある人が特定の状態に置かれているという現在（初期状態）がある。すなわち，上の例で言えば，ある人がレフトのポジションに立っているときバッターが大きなフライを打つという状態が存在する。次に，その人が，何らかの，現在とは異なる状態（目標状態）に移行したいと欲したとする。すなわち，上の例で言えば，レフトを守るこの人が大きなレフトフライをうまくキャッチしたいという思いを心に抱くことである。これら2つの状態にギャップが存在するときに「問題がある」という。

　何やら，かえって持ってまわった言いまわしになってしまったが，要は「問題」とは初期状態と目標状態の間にギャップが存在することであり，何らかの手段によってこのギャップを初期状態から目標状態へ移行させることが「問題解決」ということになる。

🔵 われわれの世界のさまざまな「問題」

　「問題解決」のための手段が特定のものに限定されている「問

課題1　「直観物理学」の課題

　下の絵は金属製の筒を上から描いたものです。この筒の矢印の端から金属球が挿入され，他の端から高速で発射されます。筒を出た後の金属球のたどる軌道を記入してください。なお，空気抵抗はないものとします。また，金属球は筒の中すべてを同じ速度で運動するものとします（マックロースキーら，1980より）。

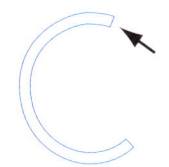

上から見た図

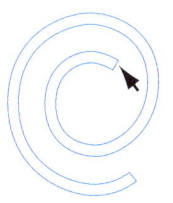

上から見た図

題」もあれば（たとえば，収束的思考（convergent thinking）を要求するような問題），多様な解決手段が存在している「問題」もあろう（たとえば，発散的思考（divergent thinking）を要求するような問題）。

　前者の代表例として「力学」の問題を挙げることができる。この種の問題は，いわゆる「自然物理学」の領域での研究成果により，「問題解決」のための「『正しい』手段」（法則）が確立されている。

　しかしながら，われわれは必ずしもいつもこの「『正しい』手段」（自然物理学の法則）を用いて「問題解決」をはかるとは限らないのである。

🔵 われわれは必ずしも問題を「正しく」は解決しない

　われわれが何らかの「問題」に遭遇したときには，これまでに自分自身が獲得した知識や経験を用いてその問題を把握し（言い換えれば，自分自身の有する関連「スキーマ」を総動員して問題を理解し），「問題解決」をはかる。しかしながら，そのことは必ずしも，問題の「正しい」解決を保証するものではない。

　たとえば，外界の物理的世界における「もの」と「もの」や，「もの」と「ひと」との間に見られる相互作用についての「問題」は，学校教育などにおける学習を通じてではなく，日常経験を通じて自然発生的に獲得された概念（素朴概念）を用いてその解決をはかろうとする傾向が見受けられる。

課題2　「直観物理学」の課題

　下の絵は2本の金属性の筒を上から見て描いたものです。それぞれの筒の矢印の端から金属球が挿入され，それぞれの筒の他の端から高速で発射されます。筒を出た後の両者の金属球のたどる軌道を記入してください。なお，空気抵抗はないものとします。また，金属球は筒の中をすべて同じ速度で運動するものとします（マックロスキーら，1980より）。

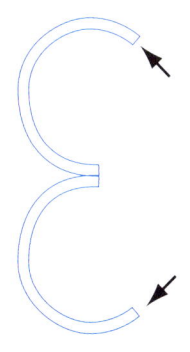

上から見た図

🔵 素朴概念の特性

この素朴概念（naive conception）は，かなり多くの人々に共通した内容となっていることから，ある種の「普遍性」（？）を持っていると考えられる。それゆえ，「素朴概念」の特性を明らかにしていくことは，人の一般的な問題解決過程の特性を探求していく上で，有効なツールとなり得ることが期待されるのである。

このような「素朴概念」は，物理学の世界だけでなく，医学の世界（たとえば，「健康」の理解など）や社会学の世界（たとえば，「社会機構」の理解など）やそれ以外の世界でもその存在が認められている。

🔵 「素朴概念」と学校教育

一般的に言えば，「素朴概念」の存在が意識されるのは，学校教育の場面で，「自然物理学」などのいわゆる「科学的概念」を教えるときであろう。通常両概念は一致していないことが多く，そのため素朴概念を科学的概念に変えるための，さまざまな「教科学習」上の工夫が必要となるからである。

しかしながら，日常の生活世界の中では，「素朴概念」にもとづく諸現象の理解で，日々何も不都合が生じることなく過ごせる場合も多い。それだけに，「素朴概念」の存在は強固なものであり，その意味で，われわれの日常行動を理解する上で，その内容を十分に承知していることが大事となろう。

🔵 「『素朴概念』の物理学」としての「直観物理学」

「直観物理学」（intuitive physics）とは聞き慣れない言葉であるが，ここでは，物理学的事象に対しわれわれが直観的レベルで遂

課題3 「直観物理学」の課題

　下の絵は，ひもに金属球を取り付け，頭上で円を描くように高速でぐるぐる回転させているところを上から見て描いたものです。円は金属球の描く軌道を表し，矢印は運動方向を示しています。円の中心と金属球とを結ぶ線分はひもを表しています。ぐるぐる回転する金属球が下の絵に示されている地点に来たところ，ひもが金属球の取り付け箇所で切れてしまいました。ひもが切れた後に金属球がたどる軌道を描いてください。なお，空気抵抗はないものとします（マックロースキーら，1980より）。

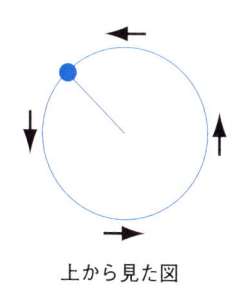

上から見た図

行する情報処理活動において用いられる一種の「心的モデル」を指している。

　たとえば，本章「問題解決」の節で取り上げた野球の例で言えば，高く打ち上げられたボールを外野手が巧みにキャッチする見慣れた場面にしても，そこには，打ち上げられたボールの落下地点を何らかの「心的モデル」にもとづき直観的レベルで予測するという反応が内包されている。ビリヤードやゴルフ，テニス，バスケットボールといった球技においては，選手たちは，ボールにどのような外力を与えるとどのような軌道を描くのかを，同様に何らかの「心的モデル」にもとづいて直観的に判断してプレーしているのである。すなわち，われわれの内的な情報処理過程の中で，これまでの「経験」（もしくは事象の種類によっては「日常生活」）から形成された何らかの「心的モデル」にもとづいた「瞬時の計算」がなされている？可能性が，あるいは「瞬時の計算」が時間的に無理のある仮定であるならば，何らかの「心的モデル」にもとづいたこの種の軌道に関する「範型」への「瞬時のマッチング」がなされている？可能性が想定され得るのである。注意すべきは，これらの認知的判断の内容が，必ずしも自然物理学の法則に従ったものとならない場合があるということである。それでは，一体，直観物理学における法則と自然物理学における法則との間には，「どの程度」の差異を見出し得るものなのであろうか。以下において，その具体例をいくつか示しておくことにする。

「運動力学」的事象の直観物理学

　この種の直観物理学の理解は具体的な課題例を見るのが一番手っとり早いと思われるので，右頁にいくつかの例を挙げておく。

課題4　「直観物理学」の課題

　この絵は，人が水平面上を一定の適度な速度で歩いている姿を，側面から描いたものです。この人は，肩の高さに腕を伸ばしており，手に金属球を握っています。図に示された位置に到達した際に，この人は金属球を落としました。すなわち，歩きながら金属球を握る手を単に開くだけで球を落下させたわけです。金属球を落下させた後も，この人は，肩の高さに腕を伸ばしたまま，同じ速度で歩き続けました。なお，空気抵抗はないものとします。

(1) 金属球の地上における落下点に印をつけてください。
(2) 落下する際に，この金属球がたどる軌道を描いてください。
(3) 金属球が地面にぶつかった瞬間におけるこの人の手の位置を×印で記入してください。

(マックロースキーら，1983より)

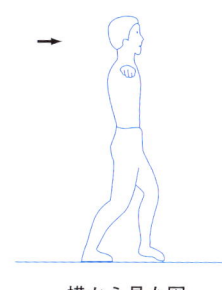

横から見た図

これらの課題に関するジョンズ・ホプキンス大学の学生たちの結果をラフ・スケッチしたものを図9-1（p.191）に示しておく。

　われわれは日常生活においてさまざまな力学的事象を経験している。このような経験から，われわれは力と運動の間の関係に関する直観的レベルの「心的モデル」を形成する。ここでは，このような物理的事象に対する直観的な心的モデルを「直観物理学」と呼び，「自然物理学」とは異なった法則，したがって自然物理学からすれば誤った先入観にもとづいて成立した法則が存在すると考えた。上の結果は，こうした法則の存在を十分に示している。

　課題1〜3について言えば，たとえば，われわれが経験する現実世界では，摩擦が存在する。そのため，等速運動を維持するためには，同一方向における持続的な力が必要である。その結果，われわれは，等速運動というものは常にその運動と同一の方向に何か持続的な力を生み出すものであるという主観的世界における「心的モデル」を抱きがちである。さらには，あるタイプの運動装置などにより強制的に実行させられた後，この装置的制約がはずされても，依然，前の運動と同一の方向への運動力が維持されるというより一般化された心的モデルが形成されてくる。このことが渦巻状の筒から発射された金属球が，筒から発射された後も渦の方向に湾曲した軌道を描くと多くの人々に思わせ，また，ハンマー投げのごとく，ひもに結ばれ頭上で回転させられている金属球がひもの切れた後も円弧を描くと思わせるような認識をもたらすのである。

　それでは，課題4〜6についてはどうであろう。一般的に言えば，物の動き方は何を基準にした動き方であるかによってその内容は大きく変わる。たとえば，水平飛行している爆撃機から爆弾

課題5　「直観物理学」の課題

　この絵はコンベヤー・ベルト（ベルトによる運搬装置）が渡されている峡谷を表しています。このコンベヤーには，金属棒が取り付けられており，その先端に電磁石によって金属球がくっついています。このコンベヤーは，時速約50 mで動いているので，金属球のくっついた棒も同じ速度で運ばれています。金属球が図に示された位置に到達した際に，電磁石が切られたため，動くコンベヤーから金属球が落下しました。このとき，金属球がたどる軌跡を描いてください。なお，空気抵抗はないものとします（マックロースキーら，1983より）。

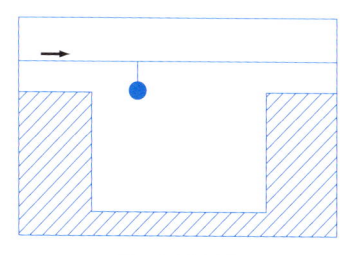

横から見た図

を投下した際に爆撃手の目には，この爆弾は真下に落下していくように見えるであろう。しかしながら，地上に立ってこの爆弾の落下を見上げている人には，飛行機の飛んでいく方向に放物線を描いて落下していくように見えるであろう。この事態は，われわれの課題4～6の事態とまったく同じ条件にある。

　課題4で言えば，球を持った人間がわれわれ自身であれば，すなわち観察者であれば，われわれ自身が基準となることから，身体の水平方向の動きは，対象の動きの知覚に関与してこない。それゆえ，動く人であるわれわれの目には，球は腕の真下に落下するように見える。他方，握った手を離し球を落下させる第三者をわれわれが観察する場合には，歩く人の身体ではなく，大地や周辺の木々といったものが基準となろうから，歩く人によってもたらされている水平運動成分も物の動きに関与することになる。そこで，この水平運動成分と重力による運動成分とが結合し，歩く方向へ向けての放物線軌道が認められるわけである。課題4のように，手に持った球が落下する状態の観察は，日常経験上，自分で球を落として観察する場合が，第三者のそれを観察するより多いと考えられる。このとき，球は真下に落ちて見える。この経験から，歩く人間が球を落とす状況においては，歩く人間の目からの観察と第三者の目からの観察とが混同・同一化され，直観レベルでは直下軌道型の反応が出現したと考えられる。

　課題5について言えば，これは内容的には課題4とまったく同じである。ただ，歩く人が球を持つかわりに，峡谷に渡された動くコンベヤーに球が吊るされている点が異なっているにすぎない。しかしこのような表現型がとられれば，課題4の表現型がとられたときに比べ，上述の混同・同一化の程度が減ることが期待され

課題6　「直観物理学」の課題

　下の絵は，峡谷の一端からこの峡谷上に張り出した水平な誘導路を，側面から描いたものです。金属球がこの誘導路の上を時速約50 mで転がされ，谷に落下しました。このとき金属球が描く軌道を記入してください。なお，誘導路上の摩擦抵抗も空気抵抗もないものとします（マックロースキーら，1983より）。

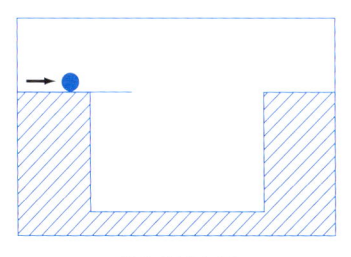

横から見た図

る。図9-1に見るように，結果はこの期待を支持するものであった。

　課題6も課題5と同様に，歩く人を用いないで水平方向の運動を設定したものである。すなわち，誘導路上を転がさせることにより，球に水平方向の運動成分を生起させている事態である。この事態では，球と共に運動する物は何もない。課題5においては，コンベヤー・ベルトとこのベルトに結合された垂直棒と，その垂直棒の先端にマグネットにより貼り付けられた球とは，共に水平方向の運動をしていた。この事態においては，歩く人の場合に比べればその可能性は相当程度減少してはいようが，なお基準となり得るものとして峡谷や木々といった静止物のほかに，球と共に動くベルトや垂直棒が存在していた。しかし，課題6の誘導路の場合には，誘導路自体運動をしないので，誘導路，峡谷，木々，みな一体となり静止している1つの基準を出現させることになろう。それゆえに，この場合には，課題5の場合に比べれば，さらに多くの者が放物線軌道の反応を示すことが期待されるのである。結果は，図9-1から明らかなように，ほとんどの者が期待通りの反応を示すというものであった。

　上に見てきたような，課題1～6において作用していると思われる，日常世界における経験から築かれた直観的な「心的モデル」は，特定の個人に見られるにすぎないといったものではなく，その基本的な部分は多くの人々の間で整合性を有している。このことは，図9-1の結果のみならず，同じ課題を日本の学生たちに実施した結果（中島，1987）を見ても，その強固さに驚きの念を禁じ得ない。

　共通する特性に対し，個人差を生じさせるいくつかの特性もま

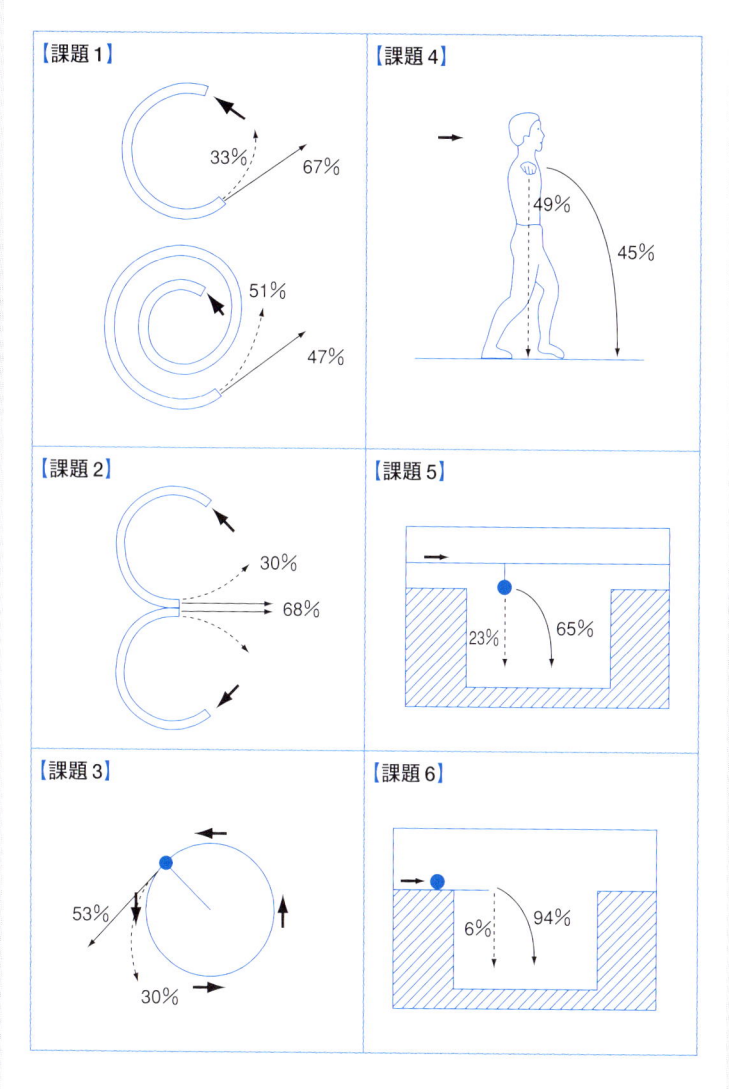

図9-1 「直観物理学」に関するマックロースキーら（1980，1983）の描画式調査の実験結果

た指摘され得る。たとえば，上述した「あるタイプの運動を引き起こしていた外力が消失した後にもこの運動が持続する」という心的モデルで言えば，その直観の強さは人によってまちまちである。その結果，渦巻筒から発射された金属球の描く軌道の湾曲の度合は，人によって異なる。また，この持続力は急激に消失すると考える者もいるであろうし，比較的長く持続すると考える者もいよう。その結果，湾曲の度合がすぐにゆるみ直線に近づく軌道を描く者もいようし，比較的長く湾曲のままの軌道を描く者もいることになるのである。

「静力学」的事象の直観物理学

ここでは，その典型例として，液体表面の方向をわれわれがいかに認識しているのかということを取り上げてみる。そこで，以下において，いわゆる「ウォーター・レベル問題」に対する反応を吟味してみることにしよう。読者は，液体表面の方向の認識にとって，「容器の傾きにもかかわらず，水は水平を保つ」という「自然物理学」の知識があるのかないのかが，その決定的要因となっていると考えるに違いない。しかし，マイヤーとヘンズリィ（1984）の実験結果によれば，正確な反応を示した被験者のうちの37％はこの法則を知らず，他方明らかにこの法則を知っていた被験者のうちの28％が「水平な水位」という正しい反応を示さなかったという。この事実は，「自然物理学」の法則に関する知識の有無は，ウォーター・レベル問題の正しい反応を引き出すための必要条件でもなければ十分条件でもないことを意味しよう。

この種の認識を調べる際によく用いられる課題として，「傾いたビーカー内の液体の水面がどのようになるのか」を問う問題がある（p.201 Topic 参照）。このとき，容器の形というものは，い

Topic　クロスバー問題

p.201 Topicで挙げる「ビーカー問題」に対し，同型の内容を異なった問題事態に置き換えた「同型異体問題」についても研究が行われている。たとえば，図9-2はクロスバーを用いて問題設定した場合である（マカフィとプロフィット，1991）。この「クロスバー問題」では，クロスバーはその質量の中心をピボットによって支えられており，バーのピボットはレバーアームによって支えられている。被験者は図9-2左のようにレバーアームが垂直でバーが水平な状態にある装置をまず見せられた。そして，レバーアームがさまざまに傾けられた際に，バーの方向がどうなるのかが問われた。「自然物理学」の世界では，「質量の中心を通る」条件にあるバーは，それを支えるレバーアームがどのように傾こうと図9-2右のように水平に保つことになる。この原理は「傾いたビーカー問題」における水平を保つ水平面の場合と同型のものとなっている。

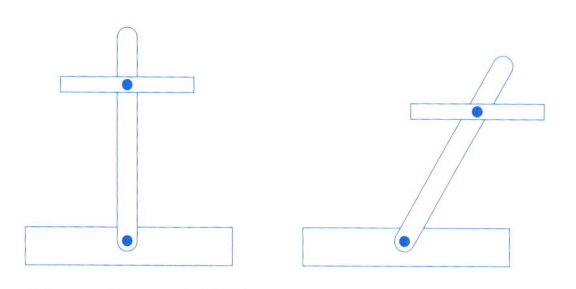

図9-2　**クロスバー問題**（マカフィとプロフィット，1991）

かなる影響を及ぼすのであろうか。一般的に言って，容器の傾きが認識しやすい形状のほうがそうでない場合より，より「水平反応」が出現しにくくなることが考えられないであろうか。ビーカーの場合は，容器の傾斜は容易に認識できるのである。

ウィレムセンとレイノルズ（1973）は，図9-3のような垂直に固定されたペトリ皿を用いて，ウォーター・レベルの課題を行ってみた。ペトリ皿の場合には容器の傾斜に関する情報は何も存在しない。このような円形の容器内にある液体の水面を示すように求められた被験者は，ほぼ全員が「水平反応」を示したという。すなわち，容器に特有な傾斜に関する情報がない場合には，人々は液体の表面は水平であるはずだと考えていることが示されている。

上に見てきた実験では課題の提示様式は絵であった。もし，この種の課題がリアルな現在進行中の様相で（「オン・ゴーイング」に）提示されたらどうであろうか。カイザーら（1985）の実験結果によれば，ウォーター・レベルの問題では，リアルなアニメーションで提示された場合であっても，より「水平反応」が出現しやすくなるというようなことはなかったという。また，ハワード（1978）によれば，高速連続写真を用いて容器内にある液体の動きを人工的につくり出して見せた場合であっても，自然に見える水面は水平ではなく傾斜したものであったという。このような実験結果を見ると，ウォーター・レベルの問題における「傾斜反応」の出現は，「絵」という提示様式に固有に随伴したものではなく，もっと一般的意味を有する現象であることが分かる。

反応を規定する本質的な要因

それでは，ウォーター・レベル問題における反応を規定するも

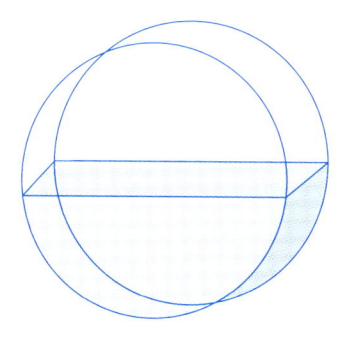

図9-3 ペトリ皿（フタ付き）

っとも本質的な要因は何なのであろうか。マカフィとプロフィット（1991）によれば，これは，水面の定位に際していかなる「関係枠」すなわち「基準」が用いられるかによるという。考えてみれば，確かに，ウォーター・レベルの問題においては，2つの「基準」が存在している。すなわち，①「容器」そのもの，②「容器」の背後にあるいわゆる「背景」，の2つである。これらをマカフィらの用語で言えば，①は「対象物関係枠」（オブジェクト－リラティヴ；object-relative）にあたり，「容器」との関連において水面の傾斜を認識する働きを指す。また，②は「環境関係枠」（エンヴァイロメント－リラティヴ；environment-relative）にあたり，「背景」を成すいわゆる「環境」との関連において水面の傾斜を認識する働きを指す。

これら異なった「関係枠」すなわち「基準」が用いられれば，異なった「情報の統合作用」（第8章「情報処理と「基準」」の節を参照のこと）が進行し，結果として，異なった反応（「対象物関係枠」の場合には「傾斜反応」，「環境関係枠」の場合には「水平反応」）が出現することになる。

このように考えると，「対象物関係枠」を用いた反応を生み出す「対象物中心型」の傾向が，一体どのようなことにより生じてくるのかという点が重要な問題となろう。これは，日常生活におけるわれわれの生活スタイルからくるのであろう。たとえば，冷えたビール（話を簡単にするため，泡立っていないとする）で満たされたジョッキをさあ飲もうと傾けるときに，ビールをこぼさないようにするためには，ジョッキの縁との関係でビールの表面の傾斜に注意が向こう。このとき，ビールの表面が「水平である」ということには何の注意も向くまい。なぜなら，ビールの表面が

図9-4 日常生活における「対象物関係枠」と「環境関係枠」の例

「水平である」という認知は，ビールをこぼさないようにするという事態においては，実際上の重要性を持たないからである（図9-4）。

　他方，われわれの性格特性との関係を示唆する研究もある。すなわち，「場依存性」の高い人は，「容器」の直接的な枠に知覚的に強く影響されやすく，「背景」といったような直接性の低い対象物と液体表面との関係には気づきにくいというわけである（アブラヴァネルとギンゴールド，1977；デリシ，1983；マイアーとヘンズリー，1984）。

　ウォーター・レベル問題で水平反応が出現するためには，被験者が「環境関係枠」の視点に立って容器の傾斜を見ることが必要である。この点からすれば，従来の問題提示方法は，結果的に，「対象物関係枠」の視点を強調していなかったであろうか。なぜなら，ウォーター・レベル問題では，すべてが傾いて固定された容器の中にある液体の表面を正しく判断するように被験者に要求してきた。すなわち，被験者は最初から容器がある程度傾けられた状態での液体表面の方向を判断するように教示されたのである。これは被験者に対し，何か容器の傾斜が問題の解決に関連しているような印象を与えていなかったであろうか。そこで問題となるのは，一方の「関係枠」から他方の「関係枠」への「視点」の切り替えである。この「視点」の切り替えがいかに困難を伴うものであるかということを示した面白い実験がある。これをp.199 Topicに挙げておく。

誤反応出現の原因

　これまで見てきたように，ウォーター・レベル問題における誤反応（傾斜反応）の出現は，「対象物関係枠」が働いた結果とし

Topic 「視点」を切り替えることは難しい

ウォーカー（1977）により行われた次の実験では、われわれにも馴染み深い、あの「アルキメデスの原理」が扱われている。興味深いのは、問題の正しい解決のためには、ウォーター・レベル問題の場合と同様に、「注意の切り替え」というものが必要となるという点である。

この実験における課題は、およそ次のようなものであった。

次の問いに答えなさい。
「重い金属性のボルトを乗せたおもちゃのボートを水をはった桶に浮かべ、まず、桶の側壁に水面の高さをマークする。次に、ボルトをボートから取り出し桶内の水に沈めた後にふたたび水面の高さをマークする。2つのマークは、同じ高さとなるのであろうか、それともどちらかのほうが高くなるのであろうか。後者であれば、それはいずれのほうが高くなるのであろうか。」

実際には、前者より後者のほうが水面の高さは低くなるのである。なぜなら、浮かんでいる物体はその「質量」に等しい量の水をおしのけるのに対し、沈んでいる物体はその「体積」に等しい水をおしのけるからである。ほとんどの被験者は、「同じ」という反応を示したという。

この課題では、同一の物体が浮いている状態から沈んだ状態へと変化した際におしのける水の量がどのようになるのかを問うているわけである。それゆえ、正しい反応のためには、被験者は注意を一方の物的次元から他方へと切り替えなくてはならない。最初の浮かんでいる状況では、質量が重要な情報の次元となるのに対し、いったん物体が沈んでしまえば、今度は体積が重要な情報の次元となるのである。

て理解することができる。したがって,「対象物関係枠」から「環境関係枠」へと注意を切り替えやすくすることが,正反応(水平反応)を導きやすくしよう。逆に表現し直せば,「対象物関係枠」への注意がより強められれば,誤反応がより出現しやすくなろう。

　この点をマカフィとプロフィット(1991)は吟味している。この実験では,ウォーター・レベル問題で通常用いられている「ビーカー問題」と共に,U字型チューブを用いたいわゆる「U字型チューブ問題」が課された(図9-5参照)。この「U字型チューブ問題」を用いることにより,「『水平な水位』の原理」の異表現である「『水はU字型チューブの両側で同じ高さになる』という原理」について,人々がどの程度理解しているのかを検討することができる。

　「U字型チューブ問題」は,「対象物関係枠」である容器の内側にある液体の表面の方向を被験者に求めるという点で,従来のウォーター・レベル問題によく類似している。しかし,この問題では,従来のウォーター・レベル問題に比べ,容器内の液体の動きというものがより目立つようにされてはいないだろうか。なぜなら,ビーカーの場合は1つの水の動きであるのに対し,U字型チューブの場合は左側にある水は下降し右側にある水は上昇するという2つの動きに明瞭に分岐するからである。このことは,ビーカーの場合よりも,チューブという「容器」に対する注意をより大きく喚起させるであろう。それゆえ,チューブ問題では,その分「容器」という「対象物関係枠」の視点が強調されることになるから,結果として,「ビーカー問題」の場合に比べ正反応が減少することになるまいか。

Topic 「ビーカー問題」と「U字型チューブ問題」

「ビーカー問題」

水平に対し26°傾いた長方形として描かれたビーカーの内側にある黒点に触れるようにして，液面を描くことが求められた（図9-5の左側の絵を参照のこと）。

「U字型チューブ問題」

水平に対し25°傾いたU字型チューブに対し，ビーカー問題と同様に液面を示す線を描くことが求められた。チューブの右側には，この場合にも，液面の端が触れるべき場所を示す黒点が記入されていた（図9-5の右側の絵を参照のこと）。

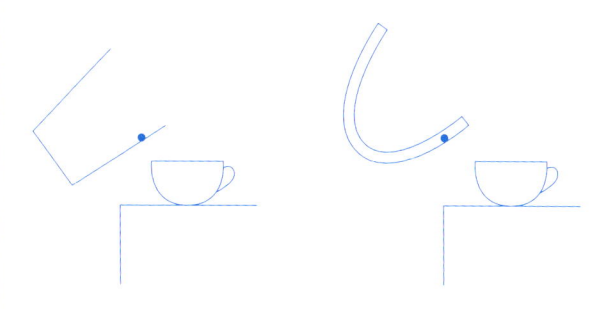

図9-5 「ビーカー問題」と「U字型チューブ問題」
（マカフィとプロフィット，1991）

そこで，マカフィとプロフィットは，p.201 Topic に示してあるような「ビーカー問題」と「U字型チューブ問題」の両者を，それぞれが400名を超える大学生のグループに対して，課してみた。結果は，表9-1のようなものであった。

「ビーカー問題」の約65％という正反応率は，従来の研究結果とほぼ一致する値である。しかし，「U字型チューブ問題」になると，予測したように正反応の出現がより悪くなり（44％），半数以上の大学生が誤った反応を示していることが分かる。

マカフィとプロフィット（1991）は，ウォーター・レベル問題において，今度は，「環境関係枠」に対する注意をより高める操作を工夫することにより，このことが正反応の出現を高める効果をもつのかどうかを吟味している。この実験では，傾斜液面を有するビーカーの写真が円形に切り取られ，垂直に立った回転盤にはりつけられた。被験者の課題は，「自然に見える位置」（「写真を撮ったときの対象の実際の位置」と補足説明されたようである）にこの写真を回転させることであった。同一の写真を回転させるわけであるから，この事態においては，液面と容器とがなす相対的角度は常に一定となり，この「対象物関係枠」にもとづいた情報は課題解決にとって何の役にも立たない。それゆえ，被験者は，否が応でも，もう一つの「環境関係枠」にもとづいた視点によって液面の方向を判断せざるを得ない。

実験には各24名からなる2つの被験者グループが設けられた。すなわち，従来の「絵に液面を描画する」方式の測定において，①誤反応を示した者のグループ，②正反応を示した者のグループ，の2グループである。

結果は，従来のビーカー問題に比べると，正反応の出現が相当

表9-1 「ビーカー問題」と「U字型チューブ問題」における正反応率
（マカフィとプロフィット，1991）

	全　体	女　性	男　性
ビーカー問題	65.6％ (N＝442)	52.6％ (N＝228)	79.4％ (N＝214)
U字型チューブ問題	44.0％ (N＝402)	31.5％ (N＝210)	57.3％ (N＝192)

に高まったものとなっている。なぜなら，従来の測定方式において誤反応を示した①の人々も，今度の測定方式においては，そのうちの何と79％の者が正反応を示したという。また，従来の測定方式において正反応を示した②の人々は，今度の測定方式においても，その全員が正反応を示したという。これらの結果は，まさに予測を支持するものであろう。

以上，多少詳しくウォーター・レベル問題について見てきたが，日常生活における物理学的事象の「認識」は，事象によっては，「自然物理学」によって規定されているというより，むしろ「直観物理学」によって規定されているということがよく理解できたであろう。

参考図書

稲垣佳世子（1995）．生物概念の獲得と変化——幼児の「素朴生物学」をめぐって　風間書房

生物学における「素朴概念」についての研究書。研究者向きではあるが，わが国における類書があまり見あたらないので参考になる。

稲垣佳世子・鈴木宏昭・亀田達也（編著）（2002）．認知過程研究——知識の獲得とその利用　放送大学教育振興会

本書のタイトルにあるように，高次の認知過程である思考における知識の獲得とその利用に焦点化して記述している。第2章の「子どもが世界を理解する仕方」（稲垣佳世子著）における素朴概念の獲得に関する解説が参考になる。

認知地図

　「認知地図」というのは，人間の内的情報処理過程の中における，環境空間に関する情報の一種の内的表現（表象）を意味している。「地図」という言葉から，われわれが日頃見なれた「地理図」のようなイメージを持ちやすいが，そのように符号化されたものであるかどうかはまったく不明である。今のところ，それがいかなるタイプの表現型なのかについては定かではない。しかしながら，少なくとも，「頭の中に描いた地図」は「認知地図」の一種であると考えて問題があるようには思われない。

　そこで，本章においては，この種の「認知地図」を取り上げ，われわれの頭の中の認知地図を心的に回転させる「メンタル・ローテーション」とわれわれの空間的定位との関係について理解するとともに，「現在地図」や「ナビゲーション」の問題についても考えてみたい。

認知地図と定位

　飛行機に乗って，眼下に広がる海岸線を見ながら，頭の中に描いた地図上のどのあたりを飛んでいるのか定位（自分が今どこにどのような状態でいるか認識すること）しようとしたとする（図10-1）。

　「認知地図」（cognitive map）というのは，人間の内的情報処理過程の中における，環境空間に関する情報の一種の内的表現（表象）を意味しているのであろうが，それがいかなるタイプの表現型なのかについては定かではない。「地図」という言葉から，われわれが日頃見なれた「地理図」のようなイメージを持ちやすいがそのようなものであるかどうかはまったく不明である。また，情景そのものの「像」のようなものであるかどうかも不明である。あるいはまったく別の型式に符号化されたものかもしれない。この点について，ここで詳しく論じることは本書の意とするところではないが，この内的表象の型式に関する問題は，視覚イメージが心の中の「絵的な表象」であるのか「命題コード的な表象」であるのかといったことに関するいわゆる「イメージ論争」（1970年代に盛んであった）と深く関わっている問題である。この論争はいつの間にか下火になり，現在声高に論じられることは少なくなっているとはいえ，論争が決着しているようには筆者には到底思われない。論点の立て方が変容しながら，今もなお，あらゆる問題に関連して，くすぶり続けている問題と思われる。

　しかしながら，少なくとも，上述の「頭の中に描いた地図」は，「認知地図」に属するものと考えて問題があるようには思われない。それゆえ，本章において取り上げる「認知地図」は，この種の型式のものに限定しておくことにしたい。

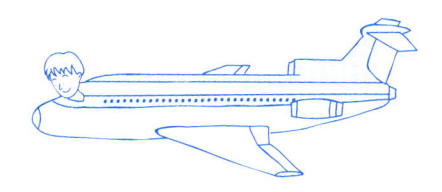

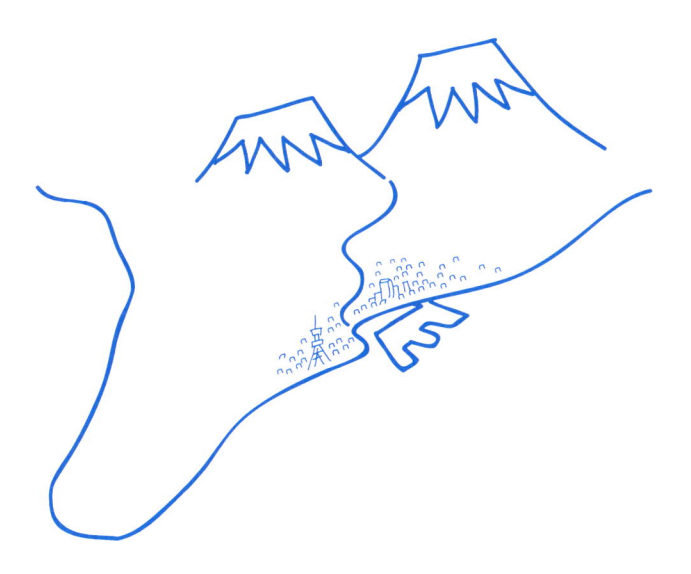

図10-1　飛行機上での定位

さて，話を先ほどの飛行機に戻そう。われわれ日本人が日頃目にする地図はすべて北が上方にくるような描き方がなされており，通常われわれはそのような地図を自分の前方に置いて見る。こういった見方に慣れたわれわれは，頭の中に地図を描く際にも同様な位置関係をとる。それゆえ，飛行機が北に向かっているときはよいが，それ以外の方向に向かっているときには，認知地図を回転する必要が起こる。本物の地図を手にしているときは，旅行者がよくやるように地図を回転させればよいが，われわれの頭の中でぐるりと回転すること（これを「心的回転」（メンタル・ローテーション；mental rotation）と言う）は，口で言うほど容易ではない。このような場合には，定位により多くの時間を要することになろう。また，場合によっては間違った定位も起こり得る。

　筆者の記憶違いでなければ，宇宙飛行士の毛利　衛氏が宇宙から帰還後何かのテレビ番組の中で，宇宙船から地球を眺めた体験として，北海道のほうから日本が見えてきたので変な感じがしたことに言及していたように思う。この変な感じも，毛利氏を含めたわれわれ日本人の頭の中に一般的に作られている認知地図上の日本の位置と逆の方向から，眼前の北海道が視野に入ってきたがゆえの経験と考えられる。

　もう一つ身近な例を p.209 Topic に挙げておこう。

●「認知地図」ということばの生い立ち

　「認知地図」ということば自身は，「歴史的」には，認知心理学誕生前に，学習心理学の領域で活躍したトールマンの発想にもとづいている。このことに関しては，すでに第1章でふれた。彼は，ネズミの複雑な迷路学習を説明するためには，ネズミが単に環境

Topic 夜中の定位エラー

家で夜いつも寝ている方向と違う方向で休んでみるとよい。そして，目を閉じてしばらくしてから自分の位置を頭の中で描いてみよう（図10-2）。いつも寝ている方向に自分がいるように思えてしかたがないのではないだろうか。正しい位置づけをするためには，かなり意識的な修正が必要であろう。ウトウトした後とか一眠りした後には，この現象は一層顕著に経験できる。夜休む際に自分の体が横たわる方向を基準にした認知地図が，毎日の生活の中ですでに確固として出来上がっている。それゆえ，外的手がかりの少ない条件下では，まずこの認知地図が働こう。正しい定位のためには，自分の体ではなく，外的手がかりを基準にした定位をやり直す必要がある。いずれの定位基準が用いられているかにより，たとえば起きあがってトイレに行く際の，歩き出す方向が異なってこよう。寝ぼけ眼で歩き始めると，間違った方向に行くこともあり得るのである。

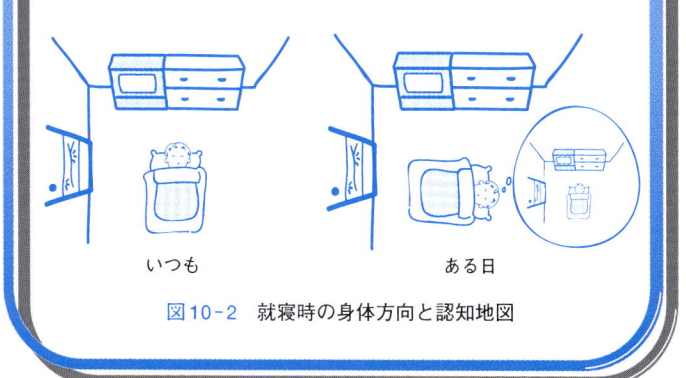

いつも　　　　　　　ある日

図10-2　就寝時の身体方向と認知地図

の中の刺激（視覚的手がかり）と反応（走行運動）との結合系列を学習したと考えるだけでは不十分であるとし，ネズミが環境に関する統合的・包括的知識である「認知地図」を形成したと考えるべきだと主張した。刺激（S）と反応（R）との結合関係を考える（行動主義の立場）際に，このような生体の側の変数（O）を媒介させる立場は，「新行動主義」と呼ばれている。

1960年代に入り，認知心理学が盛んになるにつれ，経験を通してわれわれの中に形成される地理的環境に対するイメージを表す概念として「イメージ・マップ」とか，「スケッチ・マップ」とか，本章で取り上げている「認知地図」といったようなことばが盛んに用いられるようになっている。

現在地と認知地図

われわれが手元にある地図を用いて位置を判断する事態を考えてみよう。この場合，2種類の定位のための「基準」（「座標系」と言い換えることもできよう）が存在することになる。一つは，眼前の景色に対応して用いられる「基準」である。もう一つは，手元の地図において用いられている「基準」である。両者の「基準」がうまく重なっているときに，われわれの定位判断はもっともスムーズに遂行される。したがって，両者の間にずれが存在しているときには，何らかの調整的機能が必要となる。

通常は手元の地図を前景に対応するよう物理的に回転させる「合わせ」により調整を行う。前景は厳然とまさに眼前に存在しており，こちらのほうを回転させるわけにはいかないからである。では，手元の地図のほうを物理的に回転させることができない場合には（たとえば壁面に取り付けられた現在地地図の場合など）

Topic 「良い」現在地地図と「悪い」現在地地図

　現在地地図の表現の仕方により，目標地点へ至る道筋の正しい認知が容易に行われる場合と困難を伴う場合とが生じることを示した興味深い実験がある。レヴァインら（1984）は，われわれ人間は，地図を見るとき，その地図を見ている人とその地図との位置関係を同一にしたままで，種々の表示の地図をそのまま「認知地図」として記憶にとどめるようになると考えた。たとえば，大きな部屋の中の床上にテープを貼っ

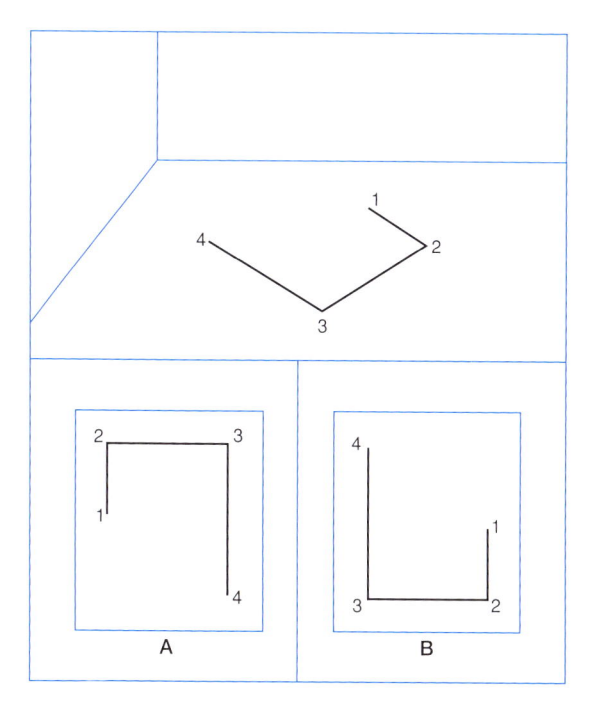

図10-3　床上にテープで描かれた通路とその通路を示す2種類の地図（レヴァインら，1984）

現在地と認知地図

どうなるのであろうか。このときには、手元（壁面）の地図の心的表象としてわれわれの頭の中に存在する「認知地図」のほうを心的に回転させるであろう（メンタル・ローテーション）。このようなメンタル・ローテーションに要する時間は、2つの基準の間のずれが大きいほど、より長くかかることになろう。時に、使用壁面の都合で、前景との対応が180°ずれた関係にある「現在地地図」を見かけることがある。このような現在地地図は使いにくく、とくに急いでいるとき（たとえば、緊急事態に置かれたときなど）においては、壁面の地図を心的に回転して前景に合わせる作業が不十分もしくは欠落してしまい、結果的に誤った道案内をしてしまうことになりかねない（p.211 Topic 参照）。

　車でナビゲータを利用して走行するのと類似した状況を用いたシェパードとハーヴィツ（1984）の実験も、このメンタル・ローテーションの存在を示唆している。彼らは、実際に車で走行するかわりに、被験者にコンピュータ画面上の架空道路を進ませ、曲がり角で左右どちらに曲がるのかを決定させている。その際に、ナビゲータの役割を果たした地図は、その上方が常にコンピュータ画面上の架空道路の前方にあたるという、現在の車で用いられているような対応関係の下では提示されなかった。このときの反応時間は、ナビゲータの役割を果たした地図上での進行方向とこの地図の上方向とのずれ（角度）に合わせて増加したという。この反応時間の増加は、左右どちらに曲がるのかを判断する前に、被験者が上述のずれを一致させるように、ナビゲータとして提示されている地図の認知的表象をコンピュータ画面上の架空道路像に対応するように心の中で回転させている（メンタル・ローテーションを行っている）ことを示していると思われる。

て図10-3の上側に示されているような通路を作ったとしよう。この通路を示す地図として，今，図10-3の下側左Aのような表示とそれを180°回転した図10-3下側右Bのような表示とがあったとする。われわれは地図Aを見たときは図10-4の左側のような自分との位置関係で認知地図を記憶する。地図Bを見たときは図10-4の右側のような自分との位置関係（Aのときと地図の表示が変わっているが自分と地図全体との位置関係は変わっていない）において認知地図を記憶する。いま，ポイント4が現在地として示され，ポイント1に行くことが求められたとしよう。大地上の通路は図10-4の左右の図の中にそれぞれ大きく描かれているようなものであったとする。おそらく，被験者Aにとっては，この課題は容易であったであろうが，被験者Bにとっては，被験者Aよりも困難を感じたであろう。地図の中に記入された自分の位置と周辺の内容（建物など）との位置関係を整合させるためには，後者の場合には，認知地図を心的に回転させること（メンタル・ローテーション）が必要となろう。この心的操作が

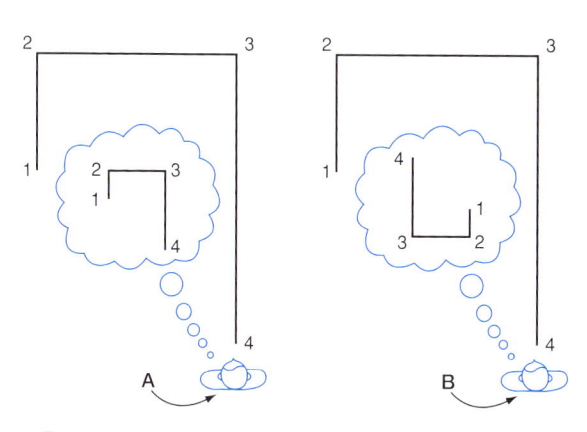

図10-4 2種類の認知地図の想起（レヴァインら，1984）

なお，厳密に言えば，この場合には，もう一つ別の種類のメンタル・ローテーションも行われている。それは，前景の3次元透視図に合うように心の中の地図を前方に回転する（倒す）操作である。このことによって，「上方＝前方」という関係ができあがる。この関係は，p.211 Topicでもふれたように，人間の情報処理においてもっとも基本的にして強固な認知的関係の一つである。当然ながら，心の中の地図を左右に回転するための心的操作に対応するだけでなく，前方に倒す心的操作に対しても，時間というものが必要となる。

ナビゲーションと認知地図

　さて，読者の皆さんは，運転席の横で地図を広げてナビゲータの役割を行うときに，手にした地図の上方を眼前の景色の前方と一致するように回転させるであろうか。それとも印刷された地図上の情報が読みやすいように，常に北を上方に向けたままにするであろうか。この問題は，印刷された地図を人が手に持っているような事態では，必要に応じていつでも地図を回転することができることから，実際上はあまり気にかけることもない。しかし，最近多くの車が装備している運転席前面に取り付けられているような「電子地図表示器」（オートナビゲーション・システム）の制作者にとっては非常に重要な問題となる。現在では，前者のように，「上＝前」関係をいつも自動的に維持するような電子地図が開発されていて，通常はこれが用いられている。その開発には，ハードウェア上，ソフトウェア上の多大な労力が求められたに違いない。

　アレッツとウィッケンズ（1992）は，このようなナビゲーショ

必要な分だけ課題解決が困難になることが予測される。

レヴァインらは,この種の課題は,一般性を備えた一種の空間認知に関わる問題解決事態であり,その日常生活における典型例が現在地地図を利用する場面にあたると考えた。彼らの行った実験のうち,図書館の現在地地図に関するものは大変興味深いので,以下に簡単に紹介しておく。

彼らは実際の大きな図書館ビル(大学図書館)の中の1つのフロアを用いて,その中にある多くのオフィスを示す案内図を操作した。被験者は20人の大学生でいずれの学生も実験で用いられたフロアについては知らないことが確かめられている。図10-5のような2種類の案内図(28×35 cm)が用意された。案内図Bは案内図Aを180°回転したものである。案内図中の仕切られた各セルは各オフィスを示し,その間を廊下がはりめぐらされている。さらに,各案内図には,図中の実際の位置に対応する箇所に,現在地と被験者の学生が目指すべきターゲット・オフィス(○印)とを示す標識が記入されていた。

実験者は目隠しをした被験者を出発地点までつれて行き,次のような教示を行った。

「これから,現在地が記入されているこのフロアの案内図を見てもらいます。そこに行ってもらいたい目標地点のオフィスは丸印が付けられています。あなたの課題は目標地点を探しながらそこまで歩いて行くことです。それでは目隠しを取り除いてください」。

それから実験者は被験者から見えるところでストップウォッチをスタートさせ,被験者が案内図を検討するのに要した時間を記録した。引き続き,被験者が目標地点に至るまで,実験者は被験者の後について歩いた。4分が経過しても目標

ン（navigation）における地図利用の問題に関係した実に興味深い実験を行っている。

その結果によれば，メンタル・ローテーションはどちらかと言えば容易な刺激に対して用いられやすい認知機能であるという。なぜなら，効果的にメンタル・ローテーションを行うためには，「強固な心的表象」と「多くの認知的資源」とを必要とするからである。したがって，あるイメージを符号化しながら同時に別のイメージの回転を行うといったような負荷の大きな課題では，「認知的資源」の高競合状態が起こり，結果として，メンタル・ローテーションが行われにくくなるのである。

たとえば，前景の提示と地図の提示とが継時的になされる事態では，同時的に提示される事態と違って，前景もしくは地図のイメージをより長く記憶することが求められる。このことは，同時提示事態に比べ継時提示事態においてメンタル・ローテーションが行われにくくなる原因となる。なぜなら，継時提示事態では「認知的資源」をメンタル・ローテーション以外の認知的課題（イメージを記憶し保持すること）に対しても配分する必要が起こり，十分な処理資源をメンタル・ローテーションそのものにまわせなくなるからである。それゆえ，継時提示事態では，時間条件によっては，メンタル・ローテーションではない他の方略が求められることもあろう。その際には，この方略の実行に消費される認知的資源の量が少ないものほどよいことは言うまでもない。

むしろ，ここで読者の注意を喚起しておきたい大事な事柄は，アレッツらが「認知的資源」という概念を用いていることである。この概念が，本書第3章で言及した「処理資源」のことに他ならない。本書で取り上げている心理学的な変数（概念）が，どこか

地点に辿りつけなかったときは、その地点でこの試行は終了とされた。

結果はどうであったろうか。図の上方がフロアでは前方を示すタイプの案内図（図10-5の左側の図）では20名の被験者のうち16名が目標地点に辿りついた。しかし、その図を180°回転した案内図では、20名の被験者中わずか7名が目標地点に達したにすぎなかった。それゆえ、両条件については明らかな有意差が認められた。また、被験者が地図の吟味に費やした平均時間については、回転前の案内図で28秒、回転後の案内図で49秒であった。また、目標地点に達した者について探索時間の平均を求めると、回転前の案内図で77秒、回転後の案内図で122秒であった。それゆえ、スピードと課題達成の間に、トレード・オフの関係は認められない。すなわち、回転前の案内図のほうが180°回転した案内図に比べ、より多くの人々にすばやい吟味と、目標地点へのすばやい到達をもたらしていることが分かる。

以上のように見てくると、図の上方がフロア（地面）の前方と一致する案内図のほうが、その図を180°回転した案内図

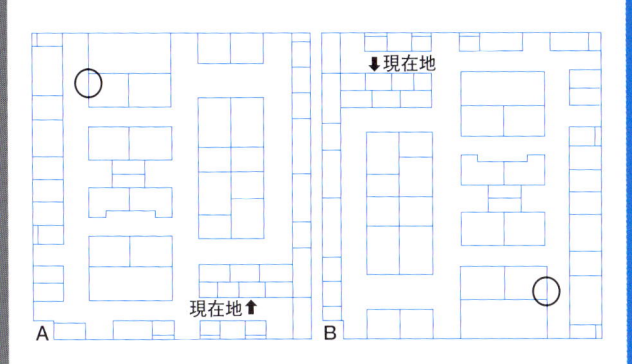

図10-5　同一の内容を示す図書館のフロア案内図2種類
（レヴァインら，1984）

で互いに手をつなぎあっている事実こそ，人間の「こころ」がパッチ（諸機能）の単なる集合ではなく，これらが有機的に関連し合った総合・統合体であることをシンボライズしているのである。

認知地図の形成と変化

認知地図がどのような要因によっていかに形成され，また変化していくのかという，言わば認知地図のダイナミズムを明らかにすることが「認知地図とは何か」を理解する上でもっとも肝要な作業であろう。しかし，この点については，多くの人々によって精力的に研究が進められているとはいえ，現状においてはいまだ十分に明らかにされていないように思われる。

認知地図形成の問題は，認知心理学の基礎的問題としてだけ重要であるのにとどまらず，たとえば，住みやすい都市空間を設計する上で不可欠な基礎的知見を提供する。現代においては，それこそ「宇宙船」をも含め，人類がかつて経験したことのない，多様にして高速な移動手段が実現されている。近未来社会においてこの傾向はますます強まろう。このような移動条件の変化の中で，われわれ人間が環境空間にうまく適応していくためには，認知地図をいかに適切に形成できるかということが，問題解決のための一つの糸口となろう。

よりも使用において容易であるということになる。この「上方・前方の等価性」，すなわち，垂直に位置する地図が平面に置かれるならば，方向関係が同じになり，地図上の上方が地上の前方にあたり，地図上の下方は地上の後方にあたり，地図上の左右はそのまま地上の左右にあたるという考えは，非常に強い支配力を有する空間認知上の原理である。したがって，この認知的原理を考慮しない，たとえば180°回転した案内図を用いるならば，この原理の働きにより，結果的に，この案内図を見た人をむしろ目標から遠ざける方向に導いてしまうといったことも起きかねないのである。それゆえ，案内図を作製する際には，まず，それを取り付けるのに適切な場所（壁）を選び，その位置において「上方・前方の等価性」原理に合致した地図を作るべきである。逆のやり方は，上の原理にそぐわないケースを引き起こす可能性を生み出すことになる。

参考図書

空間認知の発達研究会（編）(1995). 空間に生きる――空間認知の発達的研究　北大路書房

　環境空間に関する空間情報処理の問題が発達的視点から重点的に取り扱われている。わが国において類書はほとんどなく，独創的な本であるといえる。

ヒューマン・エラー

　「エラー」という用語には，人間の行う行為に何らかの目的が存在し，人間の反応がそこから「ずれ」ているという意味が込められている。すなわち課題遂行の「成績」という価値的視点に立った表現である。この「価値的」ウエイトを取り除いてみれば，「エラー」はもはや「特別な反応」ではなく，人間における諸変数がある設定内容になったときに出現すべくして出現した「自然な反応」ということになる。それゆえ，エラー発生についての論述は，人間の情報処理に関する一般的特性の理解抜きには成り立たないのである。

　そこで，本章ではエラー発生のモデルとして，「情報処理心理学的」視点より構築されたリーズンのモデルとノーマンのモデルについてふれる。

情報処理心理学的視点より整理したエラーの種類

ノーマンの分類

　ノーマン（1981）は，多くの事例の分析から，ヒューマン・エラー（human error）を「ミステイク」と「スリップ」の2つに分類している。ミステイク（mistake）とは，意図自身が不適切なために生じるエラーを指している。すなわち，意図に関し不適切な選択をしてしまったり，状況を誤認したり，必要な事項を考慮しなかったことから生じるようなエラーである。他方，スリップ（slip）とは，人が意図していない行為を行ったときに生じるエラーを指している。すなわち，あまり意識せずに自動的に行った行為が，気がつくと別のことを行っていたり，わき道に入っていたりするようなエラーである。日常起こる多くのエラーはスリップと言える。

　ノーマン（1988）によれば，スリップは次のような6つの型に区別される。

1. 乗っ取り型エラー

　頻繁に遂行される活動が意図していた行為を知らないうちに乗っ取ってしまうようなエラー。たとえば，休日に買い物に行くつもりで電車の改札口を通過したのであるが，気がつくといつも通勤で使う反対側のホームに立っていた，というようなことである。これとは逆の，よく習熟していない行為系列のほうが習熟した行為系列を乗っ取ってしまうようなケースはほとんど起こらない。

2. 記述エラー

　意図の内的な記述の正確さが不十分なために，「正しい行為」を「間違った対象」に対して行ってしまうようなエラー。たとえば，考えごとをしながら野菜を炒めているとき，塩のかわりに砂

図11-1 ノーマンによるスリップの分類（1）
上は乗っ取り型エラー，下は記述エラーの例。

糖をつまんで入れてしまった（調理用の塩を入れたガラス容器と砂糖を入れたよく似たガラス容器とが並べて置かれてあった）といったような場合である。考えごとのほうに注意が取られてしまい，塩の容器と砂糖の容器の内的記述が両者を区別できるほどに正確なものとならなかったがゆえに生起したエラーである。一般に，記述エラーは上の例のように間違った対象と正しい対象とが物理的に近くに存在するときに起こりやすくなる。

3. データ駆動型エラー

　感覚データが届くとすぐに起動されてしまう（データ駆動される）ような自動的な行為が，現在進行している行動系列の中に，求められていないのに割り込んでしまうようなエラー。ノーマンは，「部屋番号の札を目で見ながら，その番号を電話で秘書に知らせようとしたときに，秘書の電話番号をまわすかわりに，その部屋番号をまわしていた」例を挙げている。

4. 連想活性化エラー

　頭の中の考えや連想が行為を引き起こしてしまうようなエラー。ノーマンは，「オフィスの電話が鳴ったときに，受話機を取り上げてそれに向かって「どうぞお入りください」とどなってしまった」例を挙げている。

5. 活性化消失エラー

　行為系列の一部は覚えているけれども，残りの部分は忘れてしまうようなエラー。食事中の食卓から立ち上がり，冷蔵庫の前まで歩いて行ってドアを開けたものの何を取り出しに来たのか忘れてしまったとか，大学の自分の研究室から事務センター目ざして急いで飛び出したものの，廊下の途中で「あれっ，今何をしに行こうとしていたのだっけ？」と自問するような場合がこれにあた

図11-2 ノーマンによるスリップの分類（2）
上からデータ駆動型エラー，連想活性化エラー，活性化消失エラーの例。

る。これらは行為の目的の活性化が失われたことによる，もの忘れを示している。

6. モードエラー

このエラーは装置上の1つのスイッチが異なるモードにおける内容を操作する役割を担っている場合に生起する。たとえば，デジタルの目覚まし時計で，クロックモードになっているのにアラームモードと勘違いして時刻合わせボタンを翌朝起きる時刻にセットし，そのまま寝てしまうといった行為はこのエラーにあたる。

リーズンの分類

リーズン（1979）は，被験者に日誌形式により，その日に経験したエラーを記述してもらい（ダイアリー法），合計433の事例を収集した。そして，これを分類・考察することにより，エラーの質的側面に関する多くの示唆を得た。

彼によれば，認知とその後の一連のパフォーマンスの遂行とを含めて考えると，エラーは表11-1のような3つの段階に対応して分類できるという（リーズン，1990）。

表11-1で言う「ミステイク」とは，目標そのものを間違えてプランニングしてしまうエラーのことである。言い換えればプランニングそれ自身が目的達成のために不十分であることである。すなわち，外界の状況に照らして不適切な目標を立ててしまうという高次の認知プロセスにおいて生起するエラーを指している。たとえば，インターネットを利用した授業において「情報処理心理学」という授業科目の映像をネットにのせるとしよう。このときのディスプレイ上の画面設計がたとえば図11-3のようになっていたとする。

このとき，音声の説明に加えて，テキスト文を多量に提示すれ

表11-1 認知過程と主要なエラーの種類 (リーズン, 1990)

認知過程	主要なエラーの種類
プランニング	ミステイク
貯蔵	もの忘れ
実行	スリップ

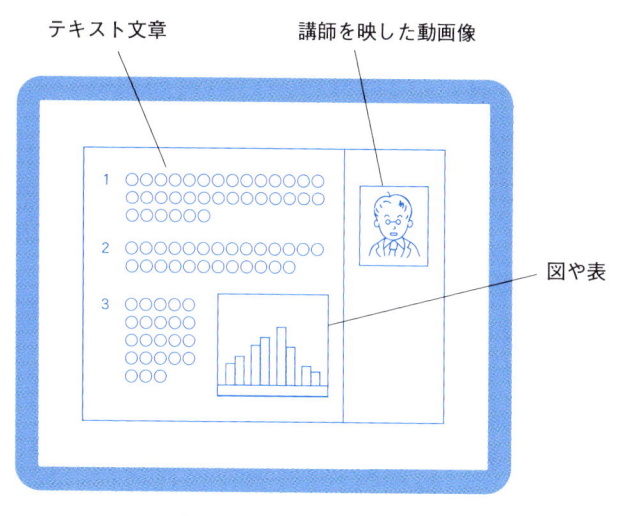

図11-3 e-スクール（インターネットを利用した授業）におけるディスプレイの一例

ばするほどそれだけ理解が深まるといったことにはならない。考えてみれば，インターネット授業の視聴者は，

1. 講師を映した動画像
2. テキスト（文字，図，表）を映した映像
3. 音声

という3種類の情報を，必要事項をメモしながら，「限られた」情報処理能力の枠内で取り扱っていかなければならない。このような状況に照らしてみるならば，もし，この例における講師や製作者の側がテキスト画面の用い方（内容，量など）に関して不適切な目標（たとえば，上述のように，「提示情報は多ければ多いほど良い」といったこと）を立ててしまったならば，このときのエラーは「ミステイク」として分類される。

表11-1で言う「もの忘れ」とは，文字通り，すでに行った行動内容を忘れてしまうという貯蔵過程に起因するエラーである。たとえば，すでに年末に友人に対する年賀状を投函したことを忘れて，その友人から正月にきた年賀状を見て，また返事を出してしまうといったエラーのことである。

表11-1で言う「スリップ」とは，行動の実行過程において生ずるエラーのことである。このカテゴリーに該当するエラーは日常においてもっとも多く見られる。たとえば，右手に保存する書類を，左手に捨てる書類を持ってゴミ箱に近づいたのはよいが，保存するほうの書類を捨ててしまったとか，穴があいているということにより5円玉と50円玉とを取り違えて5円玉を自動販売機に投入してしまうとか，隣室からの物音に対して思わず「どうぞ」と大声で返事をしてしまったとかいったように，「あたりまえ」のごとく頻繁に生起している。表11-2はスリップをいくつかの

表11-2 アクション・スリップの種類と例 (井上, 1995)

スリップのタイプ	特徴と例
反復エラー（repetition errors）	すでに行動を実行したのに、そのことを忘れて、また同じ行動を繰り返すこと。「カップにやかんの熱湯を入れたことを忘れて、もう一度入れてしまう」
目標の切り替え（goal switches）	一連の行為の目標を忘れて、違った目標に切り替えてしまうこと。「友人の家へ行こうと車を走らせていたのに、職場へ向かっているのに気づく」
脱落(omissions)と転換(reversals)	行為の系列の要素が脱落したり、順序を間違えること。「やかんに水を入れたけれども火をつけるのを忘れた」「容器のフタをしてからものを入れようとした」
混同(confusion)/混合(blend)	ある行動系列に含まれている対象を他の行動系列に含まれているものと混同すること。「花を切るのに、ハサミのかわりに缶切りを持って庭に出る」

注：リーズン（1979）の分類にもとづいてコーエン（1989）がまとめたものから作成。

タイプに整理したものである。

前にふれたノーマン（1988）の分類におけるスリップは，上述のリーズンの分類におけるもの忘れとスリップの両者を合わせたカテゴリーとして考えられている。

情報処理心理学的視点より構築されたエラー発生のモデル

リーズンのモデル

リーズン（1984）によれば，行動のコントロールレベルには，①スキーマレベル（「スキーマ」とは出来事や行動に関する一般的な知識の枠組みを指すが，詳しくはすでに第7章でふれた），②意図システムレベル，③注意コントロール資源レベル，という3つのレベルが区別されるという。これらのレベルの詳しい内容は本書の守備範囲を超えるので，筆者なりに分かりやすいように整理したものをラフ・スケッチしておく。

「スキーマレベル」では，行動は特定のスキーマが活性化されることにより開始される。すなわち，「これこれをしよう」という特定の意図がインプットされることにより，この意図に関連を有する特定のスキーマが活性化される。図11-4の「認知ボード」は，この関係を図式的に示したものである。多くの四角の部分は種々のスキーマを示している。これら多くのスキーマは互いに関連し，さまざまな複雑さのレベルを有している。図の上で黒く塗ってある四角が活性化されている認知領域（「特殊領域」）に対応するスキーマであり，その濃淡は活性化の程度差を示している。スキーマの全体領域に影響を及ぼしている矢印は，たとえば新近性（時間的新しさ）や使用頻度といったような要因を示しており，

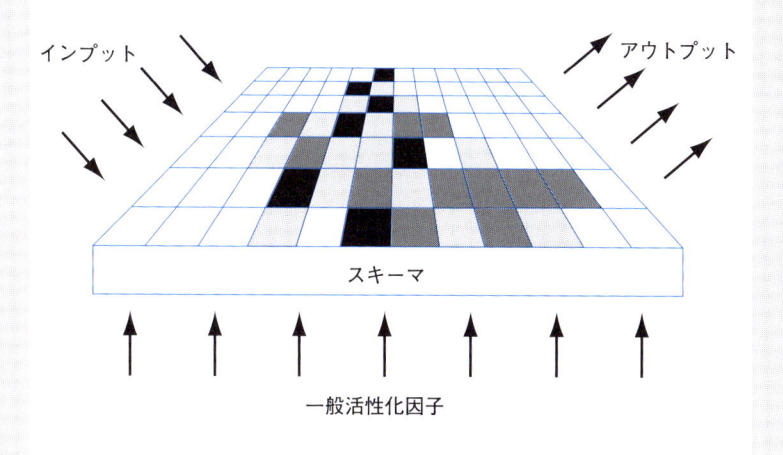

図11-4 認知ボード（リーズン，1984）

リーズンにより「一般活性化因子」と名づけられている。これらの因子は、「これこれをしよう」という意図とは無関係に、たとえばより新しいスキーマやより高い頻度で用いられるスキーマほど活性化されやすい傾向があることを意味している。意図にもとづいて生じた認知ボード上の特殊領域における活性化の程度差と、一般活性化因子による認知ボード底の場所による底あげの程度差（活性化されやすさの違い）との、両者の働きによって規定されたスキーマの下に、アウトプットとしての行動が発現・実行されることになる。

それでは、2つ目の「意図システムレベル」とはいかなるものなのであろうか。これは図11-4におけるインプットの部分を取り出してさらに考察したもののようである。このレベルでは、①行動のプランを作成すること、②プランの実行に必要なスキーマを選択し、活性化させること、③進行中の行為をモニターし、エラーの検出と修正を行うこと、といった、認知心理学の用語で言うなら、「メタ認知」（第2章）のような働きをするレベルのようである（リーズンは、この働きは「中枢プロセッサ」が行うとしている）。また、プランの実行というプロセスからすれば、本書で言及した「ワーキングメモリ」（第4章）や「展望的記憶」（第5章）も関わることになる（リーズンは「意図記憶」という名称を用いている）。

3つ目の「注意コントロール資源レベル」とは、リーズンによれば「注意資源」（本書では「処理資源」として第3章で言及している）の配分をコントロールする側面を指している。すなわち、図11-4に示されたように、認知ボード上でさまざまに活性化された（これについてはスキーマレベルで説明した）スキーマに対

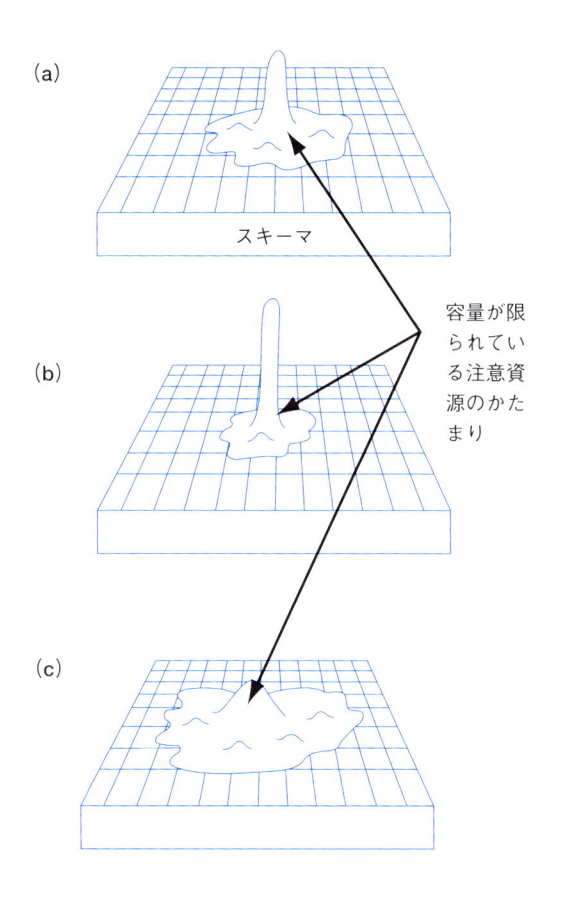

図11-5 認知ボード上での注意資源の分布の変化 (リーズン, 1984)
たとえば, (a)→(b)→(c)といった具合に瞬時瞬時に分布が変わっていく。高くなっているところに, より注意が集中している。

して，さらに「注意資源」の配分が行われるという（リーズンはこの働きは「注意コントロールシステム」が行うとしている）。注意資源は，図11-5に示されるように，全体としての容量は制限されているが，特定スキーマに集中したり，複数スキーマに広がったりと柔軟に配分可能な，注意のかたまりのようなものが想定されている。あるスキーマに対して注意資源がとくに多く配分されるということは，そのスキーマの活性化がとくに高められること，もしくはそのスキーマの活性化がとくに抑制されること，のいずれかを意味している。したがって，自動化されたような行動に対しては，注意資源はほとんど配分される必要はない。他方，高次な精神活動が伴うような行動に対しては，多くの注意資源を配分する必要が起こる。この資源の配分が適切なものになっていないときに，必要なスキーマの活性化がなされなかったり，不必要なスキーマの活性化がなされてしまったりすることによって，エラーが生ずるというわけである。

ノーマンのモデル

ノーマンは日常においてもっとも頻繁に生起するエラーであるスリップに関し，ATSモデル（Activation-Trigger-Schemaモデル）なる理論を提唱している。この理論は出来事や行動に関する一般的な知識の枠組みである「スキーマ」という概念を中心に構築されたものである（図11-6参照）。

われわれが慣れた行為を行うときのことを考えてみよう。たとえば，なじみの喫茶店に入り，入り口の書棚から週刊誌を1冊手にとり，コーヒーを注文し，壁ぎわの席に座り，灰皿を手元に引き寄せ，タバコをポケットから取り出して口にくわえ，他のポケットからライターを取り出して火をつけ，週刊誌を開いて読み始

```
意図の形成
   ┠→ 意図の明細化不足〈記述エラー〉
   ┠→ 状況の分類の誤り〈モード・エラー〉
   ↓
スキーマの活性化 ◄── 外部刺激による活性化〈データ駆動型エラー〉
   ┠→ 部分を共有するスキーマの活性化〈乗っ取り型エラー〉
   ┠→ 連想関係にあるスキーマの活性化〈連想活性化エラー〉
   ┄→ 意図の忘却〈活性化消失エラー〉
   ↓
スキーマのトリガリング
   ┗→ 順序を誤ったトリガリング〈スプーナリズム(頭韻転換)〉
```

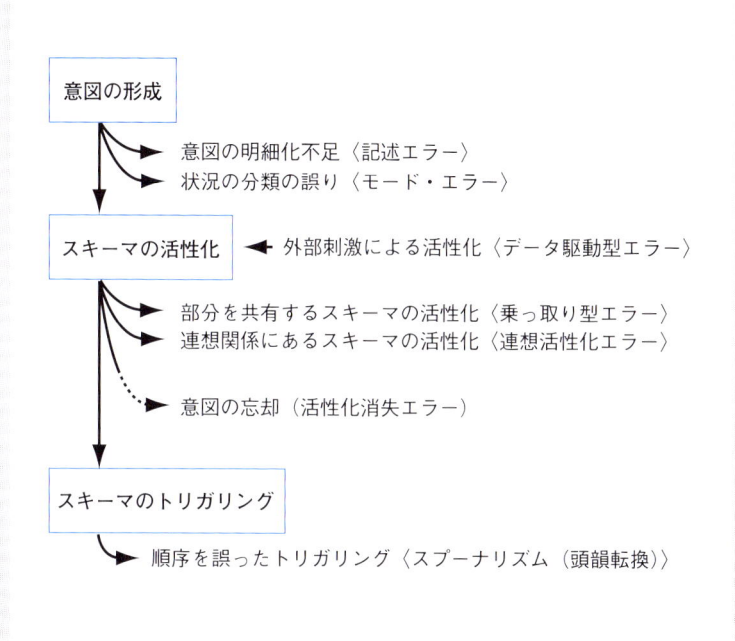

図11-6 ATSモデルによる行為の段階と主なスリップの分類
（仁平，1990を一部改変）

めるといった具合である。このいつもの一連の行為は，その都度意識して行われるというより，なかば自動的になされるものである。それは，こういったやり慣れた行為に対しては，それらの行為を生み出す筋運動の制御に関する汎用的な知識構造である「スキーマ」が作られていることになる。すなわち，このスキーマの働きによって，いちいち意識しなくとも一連の行為がスムーズに遂行されるというわけである。それゆえ，何かの行為を行うことが意図されたときには，まず，この行為に関連する「スキーマ」の「活性化」が起こることになる。スキーマは階層構造を有していると考えられ，相対的に上のレベル（より全体的・抽象的なもの）にあるものが「親スキーマ」，下のレベル（より部分的・具体的なもの）にあるものが「子スキーマ」を構成する。それゆえ，意図の形成により活性化されるのは階層構造においてもっとも上位にある親スキーマということになる。この親スキーマの活性化に伴って当然ながらすぐその下の子スキーマも活性化され，さらにその下の子スキーマも活性化されといった具合に親スキーマから子スキーマに向けて順次活性化の波が自動的に波及することになる。したがって，ある行為のスキーマの活性化に伴って波及的に活性化した子スキーマの中には，類似した他の行為の親スキーマにも共通して子スキーマとなっているものも存在することになる。先述した「乗っ取り型エラー」や「連想活性化エラー」はこのような子スキーマの共有にその生起原因を求めることができる。

　さて，スキーマの活性化がある強度（閾値）に達するとあたかも「引き金がひかれる（トリガーされる）」ように，行為の実行が生起する。この場合スキーマの活性化の強度が大きければ多少食い違った状況においても行為がトリガーされることもあり得る。

これが，活性化（Activation）のもとに行為の駆動（Trigger）をもたらすスキーマ（Schema）の働きに焦点をあてたノーマンの「ATSモデル」と呼ばれる考え方である。

「ヒューマン・エラー」から「ヒューマン・ファクター」へ

上に挙げたのは，エラー発生に関する情報処理心理学的視点に立った代表的モデルにすぎない。しかし，何と多くの「認知変数」が関わっていることか，「エラー」という用語には。「エラー」には何らかの目的が存在し，人間の反応がそこから「ずれ」ているという意味が込められている。すなわち課題遂行の「成績」という価値的視点に立った表現である。この「価値的」ウエイトを取り除いてみれば，「エラー」はもはや「特別な反応」ではなく，人間における諸変数がある設定内容になったときに出現すべくして出現した「自然な反応」ということになる。言い換えれば，ヒューマン・エラーを研究することは何か特別な問題を研究することを意味するのではなく，学問的一般性を有する「ヒューマン・ファクター（human factors）の学」を確立することを意味するのである。それゆえ，上に見たように，エラー発生のモデルにおいて認知心理学における多くの変数が関わってくることは当然のことなのである。

参考図書

海保博之・田辺文也 (1996). ヒューマン・エラー——誤りからみる人と社会の深層　新曜社

　ヒューマン・エラーに関する「キーワード」を切り口にして，心理学者と工学者の手により，この問題を分かりやすく解説している。

リーソン　J.　林　喜男（監訳）(1994). ヒューマンエラー——認知科学的アプローチ　海文堂出版

　ヒューマン・エラーに関し，認知科学の視点から書かれた典型的解説書。エラーの分類についてもふれられている。

引用文献

第1章

Atkinson, R. C., & Shiffrin, R. M. (1968). Human memory : A proposed system and its control processes. In K. W. Spence, & J. T. Spence (Eds.), *The psychology of learning and motivation*. Vol.2. London : Academic Press.

Atkinson, R. C., & Shiffrin, R. M. (1971). The control of short-term memory. *Scientific American*, **225**, 82-90.

Bartlett, F. C. (1932). *Remembering*. Cambridge : Cambridge University Press.

Eysenck, M. W., Ellis, A., Hunt, E., & Johnson-Laird, P. (Eds.) (1991). *The Blackwell dictionary of cognitive psychology*. Blackwell Pub.
(アイゼンク, M. W. (1990). 認知心理学の歴史 野島久雄・重野 純・半田智久 (訳) (1998). 認知心理学事典 新曜社 pp.336-341.)

藤永 保 (1981). 機能主義 梅津八三・相良守次・宮城音弥・依田 新 (監修) 新版 心理学事典 平凡社

林 達夫他 (監修) (1971). 哲学事典 平凡社

James, W. (1890). *The principles of psychology*. New York : Holt.

Miller, G. A. (1956). The magical number seven, plus or minus two : Some limits on our capacity for processing information. *Psychological Review*, **63**, 81-93.

Neisser, U. (1967). *Cognitive psychology*. New York : Appleton-Century-Crofts.

Popper, K. R. (1972). *Objective knowledge*. Oxford : Oxford University Press.

篠原彰一 (1998). 学習心理学への招待――学習・記憶のしくみを探る サイエンス社

高橋濔子 (1999). 機能心理学 中島義明・安藤清志・子安増生・坂野雄二・繁桝算男・立花政夫・箱田裕司 (編) 心理学辞典 有斐閣

瀧本孝雄 (2003). 性格の諸理論 詫摩武俊・瀧本孝雄・鈴木乙史・松井 豊 (共著) 性格心理学への招待 [改訂版] ――自分を知り他者を理解するために サイエンス社

Tolman, E. C. (1932). *Purposive behavior in animals and men*. New York : Appleton-Century-Crofts.

吉田正昭 (1973). 機能主義 東 洋・大山 正・詫摩武俊・藤永 保 (編) 心理用語の基礎知識 有斐閣

第2章

Fravell, J. H. (1987). Speculations about the nature and development of metacognition. In F. E. Weinert, & R. H. Kluwe (Eds.), *Metacognition,*

motivation, and understanding. Lawrence Erlbaum Associates. pp.21-29.
Flavell, J. H., Friedrichs, A. G., & Hoyt, J. D.(1970). Developmental changes in memorization processes. *Cognitive Psychology*, **1**, 324-340.
市川伸一(1993). 問題解決の学習方略と認知カウンセリング 若き認知心理学者の会(著)認知心理学者教育を語る 北大路書房 pp.82-92.
三宮真智子(1996). 思考におけるメタ認知と注意 市川伸一(編)認知心理学4 思考 東京大学出版会 pp.157-180.
Simon, D. A., & Bjork, R. A.(2001). Metacognition in motor learning. *Journal of Experimental Psychology : Learning, Memory, and Cognition*, **27**, 907-912.

第3章

Broadbent, D. E.(1958). *Perception and communication*. Pergamon Press.
Brünken, R., Steinbacher, S., Plass, J. L., & Leutner, D.(2002). Assessment of cognitive load in multimedia learning using dual-task methodology. *Experimental Psychology*, **49**, 109-119
Cherry, E. C.(1953). Some experiments on the recognition of speech, with one and with two ears. *Journal of the Acoustical Society of America*, **25**, 975-979.
Derrick, W. L.(1988). Dimensions of operation workload. *Human Factors*, **30**, 95-110.
Friedman, A., & Polson, M. C.(1981). Hemispheres as independent resource systems : Limited-capacity processing and cerebral specialization. *Journal of Experimental Psychology : Human Perception and Performance*, **7**, 1031-1058.
Isreal, J. B., Chesney, G. L., Wickens, C. D., & Donchin, E.(1980). P300 and tracking difficulty : Evidence for multiple resources in dual-task performance. *Psychophysiology*, **17**, 259-273.
Kahneman, D.(1973). *Attention and effort*. Englewood Cliffs, N. J. : Prentice-Hall.
Moray, N. P.(1984). Attention to dynamic visual displays in man-machine systems. In R. Parasuraman, & D. R. Davies(Eds.), *Varieties of attention*. San Diego : Academic Press.
Norman, D. A., & Bobrow, D. G.(1975). On data-limited and resource-limited processes. *Cognitive Psychology*, **7**, 44-64.
Pepper, S. C.(1942). *World hypotheses : A study in evidence*. Berkeley : University of California Press.
Pepper, S. C.(1973). Metaphor in philosophy. *Dictionary of the history of ideas*.

Charles Scribner's Sons.

Rumelhart, D. E.（1977）. *An introduction to human information processing*. New York : Wiley.

Treisman, A. M.（1964）. Selective attention in man. *British Medical Bulletin*, **20**, 12-16.

Wickens, C. D.（1976）. The effects of divided attention on information processing in tracking. *Journal of Experimental Psychology : Human Perception and Performance*, **2**, 1-13.

Wickens, C. D.（1984）. Processing resources in attention. In R. Parasuraman, & D. R. Davies（Eds.）, *Varieties of attention*. San Diego : Academic Press.

Wickens, C. D.（1991）. Processing resources and attention. In D. L. Damons（Ed.）, *Multiple-task performance*. London : Taylor & Francis.

Wickens, C. D.（2002）. Multiple resources and performance prediction. *Theoretical Issues in Ergonomics Science*, **3**(2), 159-177.

Wickens, C. D., Sandry, D. L., & Vidulich, M.（1983）. Compatibility and resource competition between modalities of input, central processing, and output. *Human Factors*, **25**, 227-248.

第4章

Atkinson, R. C., & Shiffrin, R. M.（1971）. The control of short-term memory. *Scientific American*, **225**, 82-90.

Baddeley, A. D.（1982）. *Your memory : A user's guide*. Multimedia Publications.

Baddeley, A. D.（1990）. *Human memory*. Lawrence Erlbaum Associates.

Baddeley, A. D.（1996）. Exploring the central executive. *The Quarterly Journal of Experimental Psychology*, **49A**(1), 5-28.

Baddeley, A. D., & Hitch, G.（1974）. Working memory. In G. H. Bower（Ed.）, *The psychology of learning and motivation*. Vol.8. Academic Press. pp.47-90.

Ebbinghaus, H.（1897）. *Grundzuge der Psychologie*. Leipzig : Veit & Co.

Guilford, J. P.（1967）. *The nature of human intelligence*. McGraw-Hill.

James, W.（1890）. *The principles of psychology*. Henry Holt.

村田孝次（1979）．教養の心理学　培風館

Salame, P., & Baddeley, A. D.（1982）. Disruption of short-term memory by unattended speech : Implications for the structure of working memory. *Journal of Verbal Learning and Verbal Behavior*, **21**, 150-164.

Spearman, C.（1927）. *The abilities of man*. Macmillan.

Thurstone, L. L., & Thurstone, T. G.（1941）. *Factorial studies of intelligence*. University of Chicago Press.

第5章

Cohen, G. (1989). *Memory in the world*. Lawrence Erlbaum.
(コーエン, G. 川口 潤・浮田 潤・井上 毅・清水寛之・山 祐嗣 (共訳) (1992). 日常記憶の心理学 サイエンス社)

Johnson, M. K., & Raye, C. L. (1981). Reality monitoring. *Psychological Review*, **88**, 67–85.

小谷津孝明・鈴木栄幸・大村賢悟 (1992). 無意図的想起と行為のしわすれ現象 安西祐一郎・石崎 俊・大津由紀雄・波多野誼余夫・溝口文雄 (編) 認知科学ハンドブック 共立出版 pp.225–237.

第6章

Carr, T. H., McCauley, C., & Sperber, R. D. (1982). Words, pictures and priming : On semantic activation, conscious identification, and autonomaticity of information processing. *Journal of Experimental Psychology : Human Perception and Performance*, **8**, 757–777.

Collins, A. M., & Loftus, E. F. (1975). A spreading-activation theory of semantic processing. *Psychological Review*, **82**, 407–428.

de Groot, A. M. B. (1984). Primed lexical decision : Combined effects of the proportion of related prime-target pairs and the stimulus-onset asynchrony of prime and target. *Quarterly Journal of Experimental Psychology*, **36A**, 253–280.

井上 毅 (1995). 知識と表象 森 敏昭・井上 毅・松井孝雄 (共著) グラフィック認知心理学 サイエンス社

川口 潤 (1988). プライミング効果と予測 心理学評論, **31**(3), 290–304.

Komatsu, S., & Ohta, N. (1984). Priming effects in wordfragment completion for short- and long-term retention intervals. *Japanese Psychological Research*, **26**, 191–200.

Meyer, D. E., & Schvaneveldt, R. W. (1971). Facilitation in recognizing pairs of words : Evidence of a dependence between retrieval operations. *Journal of Experimental Psychology*, **90**, 227–234.

Meyer, D. E., & Schvaneveldt, R. W. (1975). Meaning, memory structure and mental processes. In C. Cofer (Ed.), *The structure of human memory*. San Francisco : Freeman.

太田信夫 (1988). 長期記憶におけるプライミング——驚くべき潜在記憶 (implicit memory) 心理学評論, **31**(3), 305–322.

Posner, M. I., & Snyder, C. R. R. (1975a). Facilitation and inhibition in the processing of signals. In P. M. A. Rabbit, & S. Dornic (Eds.), *Attention and performance*. Vol.V. New York : Academic Press.

Posner, M. I., & Snyder, C. R. R. (1975b). Attention and cognitive control. In R. L. Soloso (Ed.), *Information processing and cognition*. Hillsdale, N. J. : Lawrence Erlbaum Associates.

Sloman, S. A., Hayman, G., Law, J., Ohta, N., & Tulving, E. (1988). Forgetting in primed fragment completion. *Journal of Experimental Psychology : Learning, Memory, and Cognition*, **14**, 223-239.

第7章

Glover, J. A., & Krug, D. (1988). Detecting false statements in text : The role of outlines and inserted headings. *British Journal of Educational Psychology*, **58**, 301-306.

Rumelhart, D. E. (1979). *Analogical processes and procedural representations*. CHIP.
　　（三宅ほなみ・三宅芳雄（訳）（1981）．類推過程と手続的知識表現（上・下）サイコロジー2月号, 65-69, 3月号, 58-63）

Rumelhart, D. E., & Ortony, A. (1977). The representation of information in memory. In R. C. Anderson, R. J. Spiro, & W. E. Montague (Eds.), *Schooling and the acquisition of knowledge*. Hillsdale. N. J. : Lawrence Erlbaum Associates.

内田伸子（1985）．幼児における事象の因果的統合と算出　教育心理学研究, **33**, 124-134.

内田伸子（1992）．カットバック技法の理解を支える認知メカニズムの発達　映像学, **46**, 38-55.

第8章

Bandler, R., & Grinder, J. (1982). *Reframing : Neuro-linguistic programming and the transformation of meaning*. Richard Bandler and John Grinder.
　　（吉本武史・越川弘吉（訳）（1988）．リフレーミング――心理的枠組みの変換をもたらすもの　星和書店）

Beck, A. T. (1963). Thinking and depression. *Archives of General Psychology*, **9**, 324-333.

Beck, A. T. (1964). Thinking and depression II. *Archives of General Psychology*, **10**, 561-571.

Beck, A. T., Rush, A. J., Shaw, B. F., & Emery, G. (1979). *Cognitive therapy of depression*. New York : Guilford Press.

Bexton, W. H., Heron, W., & Scotto, T. H. (1954). Effects of decreased variation in the sensory environment. *Canadian Journal of Psychology*, **8**, 70-76.

Freeman, A. (1989). *The practice of cognitive therapy*. Tokyo : Seiwa Shoten Publishers.
（遊佐安一郎（監訳）(1989).認知療法入門　星和書店)
McBeath, M. K. (1990). The rising fastball : Baseball's impossible pitch. *Perception*, **19**, 545-552.
Metzger, W. (1953). *Gesetze des Sehens*. Frankfurt/Main : Kramer.
（メッツガー，W.　盛永四郎（訳）(1968).視覚の法則　岩波書店)
投石保廣（1992）．「基準」を失った世界——精神分裂病　中島義明・井上　俊・友田泰正（編）人間科学への招待　有斐閣　pp.47-49.
中島義明・太田裕彦（編著）(1998).フロンティア人間科学　放送大学教育振興会
Piaget, J., & Inhelder, B. (1967). *The child's conception of space*. Norton & Company.
Shurley, J. T. (1960). Profound experimental sensory isolation. *American Journal of Psychology*, **117**, 539-545.
Wexler, D., Mendelson, J., Leiderman, P. H., & Solomon, P. (1958). Sensory deprivation : A technique for studying psychiatric aspects of stress. *Archives of Neurology and Psychiatry*, **79**, 225-233.
山口節郎（1992).多元的見方と自己省察　中島義明・井上　俊・友田泰正（編）人間科学への招待　有斐閣　pp.41-43.

第9章

Abravanel, E., & Gingold, H. (1977). Perceiving and representing orientation : Effects of the spatial framework. *Merrill-Palmer Quarterly*, **23**, 265-279.
DeLici, R. (1983). Developmental and individual differences in children's representation of the horizontal coordinate. *Merrill-Palmer Quarterly*, **29**, 179-196.
Howard, I. P. (1978). Recognition and knowledge of the water-level principle. *Perception*, **7**, 151-160.
Kaiser, M. K., Proffitt, D. R., & Anderson, K. (1985). Judgements of natural and anomalous trajectories in the presence and absence of motion. *Journal of Experimental Psychology : Learning, Memory, and Cognition*, **11**, 795-803.
McAfee, E. A., & Proffitt, D. R. (1991). Understanding the surface orientation of liquids. *Cognitive Psychology*, **23**, 483-514.
McCloskey, M., Caramazza, A., & Green, B. (1980). Curvilinear motion in the absence of external forces : Naive beliefs about the motion of objects. *Science*, **210**, 1139-1141.

McCloskey, M., Washburn, A., & Felsh, L. (1983). Intuitive physics : The straight-down belief and its origin. *Journal of Experimental Psychology : Learning, Memory, and Cognition*, **9**, 636–649.

Myer, K. A., & Hensley, J. H. (1984). Cognitive style, gender, and self-report of principle as predictors of adult performance on Piaget's water level task. *The Journal of Genetic Psychology*, **144**, 179–183.

中島義明（1987）．直観物理学――運動軌道の認知　大阪大学人間科学部紀要，**13**, 79–107.

Walker, J. (1977). *The flying circus of physics with answers*. New York : John Wiley & Sons.

Willemsen, E., & Reynolds, B. (1973). Sex differences in adults' judgements of the horizontal. *Developmental Psychology*, **8**, 309.

第10章

Aretz, A. J., & Wickens, C. D. (1992). The mental rotation of map displays. *Human Performance*, **5**, 303–328.

Levine, M., Marchon, I., & Hanley, G. (1984). The placement and misplacement of you-are-here maps. *Environment and Behavior*, **16**, 139–157.

Shepard, R. N., & Hurwitz, S. (1984). Upward direction, mental rotation, and discrimination of left and right turns in maps. *Cognition*, **18**, 161–194.

第11章

Cohen, G. (1989). *Memory in the world*. Lawrence Erlbaum.
　　（コーエン，G.　川口　潤・浮田　潤・井上　毅・清水寛之・山　祐嗣（共訳）（1992）．日常記憶の心理学　サイエンス社）

井上紘一・髙見　勲（1988）．ヒューマン・エラーとその定量化　システムと制御，**32**(3), 152–159.

井上　毅（1995）．認知の制御過程　森　敏昭・井上　毅・松井孝雄（共著）　グラフィック認知心理学　サイエンス社

仁平義明（1990）．からだと意図が乖離するとき　佐伯　胖・佐々木正人（編）　アクティブ・マインド――人間は動きのなかで考える　東京大学出版会

Norman, D. A. (1981). Categorization of action slips. *Psychological Review*, **88**, 1–15.

Norman, D. A. (1988). *The psychology of everyday things*. Basic Books.
　　（野島久雄（訳）（1990）．誰のためのデザイン？――認知科学者のデザイン原論　新曜社）

Reason, J. T. (1979). Actions not as planned : The price of automatisation. In G.

Underwood, & R. Stevens (Eds.), *Aspects of consciousness*. Vol.1. Academic Press.

Reason, J. T. (1984). Absent-mindedness and cognitive control. In J. E. Harris, & P. E. Morris (Eds.), *Everyday memory, actions and absent-mindedness*. Academic Press.

Reason, J. T. (1990). *Human error*. Cambridge University Press.

Savelsbergh, G. J. P., Whiting, H. T. A., & Bootsma, R. J. (1991). Grasping tau. *Journal of Experimental Psychology : Human Perception and Performance*, **17**, 315−322.

人名索引

ア　行
アトキンソン（Atkinson, R. C.）　24, 91
アブラヴァネル（Abravanel, E.）　198
アレッツ（Aretz, A. J.）　216
ウィッケンズ（Wickens, C. D.）　70, 76, 78, 80
ウィレムセン（Willemsen, E.）　194
ウェルトハイマー（Wertheimer, M.）　12
ウォーカー（Walker, J.）　199
内田伸子　135
ヴント（Wundt, W.）　8
エビングハウス（Ebbinghaus, H.）　89
エンジェル（Angell, J.R.）　16
太田信夫　130

カ　行
カー（Carr, T. H.）　124
カイザー（Kaiser, M. K.）　194
川口 潤　130
ギルフォード（Guilford, J. P.）　97, 98
クレショフ（Kuleshov, L.）　127
グローヴァー（Glover, J. A.）　139
ケイトン（Caton, R.）　75
コーエン（Cohen, G.）　104, 114
小谷津孝明　104
コリンズ（Collins, A. M.）　122, 124

サ　行
サーストン（Thurstone, L. L.）　97, 98
三宮真智子　47
ジェームズ（James, W.）　24, 88
シェパード（Shepard, R. N.）　212
シモン（Simon, D. A.）　41
シュトゥンプ（Stumpf, C.）　16
ジョンソン（Johnson, M. K.）　114

スピアマン（Spearman, C.）　97, 98
スローマン（Sloman, S. A.）　130

タ　行
デグルート（de Groot, A. M. B.）　124
デューイ（Dewey, J.）　16
デリシ（DeLici, R.）　198
デリック（Derrick, W. L.）　70
トールマン（Tolman, E. C.）　30, 208

ナ　行
ナイサー（Neisser, U.）　9
中島義明　190
ノーマン（Norman, D. A.）　222, 224, 230, 234

ハ　行
バートレット（Bartlett, F.）　26
バッドレー（Baddeley, A. D.）　90, 100
ハル（Hull, C. L.）　28
ハワード（Howard, I. P.）　194
バンドラー（Bandler, R.）　174
ピアジェ（Piaget, J.）　161
フライドマン（Friedman, A.）　70
フラベル（Flavell, J. H.）　45, 48, 50, 55, 57
フリーマン（Freeman, A.）　171
ブリュンケン（Brünken, R.）　69
ブレンターノ（Brentano, F.）　16
フロイト（Freud, S.）　18
ヘーゲル（Hegel, G. W. F.）　23
ベック（Beck, A. T.）　169
ペッパー（Pepper, S. C.）　62
ベルガー（Berger, H.）　75
ポズナー（Posner, M. I.）　122

マ　行
マイヤー（Myer, K. A.）　192, 198

マカフィ（McAfee, E. A.）　193, 196, 200〜202
マクビース（McBeath, M. K.）　153
マックロースキー（McCloskey, M.）　179, 181, 183, 185, 187, 189, 191
ミラー（Miller, G. A.）　11
メイヤー（Meyer, D. E.）　121

ヤ　行
山口節郎　170

ラ　行
ラメルハート（Rumelhart, D. E.）　64, 136
リーズン（Reason, J. T.）　226, 230, 232
レヴァイン（Levine, M.）　211

ワ　行
ワトソン（Watson, J. B.）　20

事項索引

ア 行

アウトライン 139, 140
アウフヘーベン 23

意識主義心理学 22
意識的処理 122
1次記憶 24
イド 18
意図システムレベル 232
意味記憶 87
隠喩 32

ウォーター・レベル問題 192

エイジング 112
エゴ 18
エゴセントリズム 163
エスノメソドロジー 7
エピソード記憶 87
エビングハウスの忘却曲線 89

応用認知心理学者 6
オーガニズム 63
音韻貯蔵庫 92

カ 行

回想的記憶 104, 107
概念駆動型処理 15, 25, 27
科学的概念 182
仮現運動 12
過去記憶 106
カスケード型 21, 33
活性化消失エラー 224
カットバック 135
加齢 112
感覚記憶 87
感覚遮断実験 164
感覚の順応 162

環境関係枠 196
観察法 3
干渉効果 68
間接プライミング効果 121
完全系列型 21, 29

記憶 87
記憶術 51
記憶方略 50
機械論 63
記述エラー 222
基準 150, 210
既知感 50
機能主義心理学 16
機能心理学 16
機能的心理学 16
客観主義心理学 22

クオリティ・オブ・ライフ 112
クレショフ効果 126, 127
クロスバー問題 193

継時時相 14
ゲシュタルト心理学 12
研究法 3
顕在記憶 128
現在地地図 211

構音制御プロセス 92
航空母艦メタファー 74
行動主義 12, 20
行動主義心理学 22
高齢者 112
コネクショニスト・モデル 21
小人化主義 76
コンテクスチャリズム 63
コンピュータ・シミュレーション法 7
コンピュータ・メタファー 34

249

サ 行

再構成　26
最適時相　14
作業記憶　86
作動記憶　86
サブシステム　90, 94

自我　18
視・空間スケッチパッド　90
自己中心性　163
自己評定法　46
事象関連電位　73, 75, 80, 82
実験心理学　8
実験認知心理学者　4
実験法　5
「視点」の切り替え　198
自動的処理　122
収束的思考　180
周辺視　76
主観主義パラダイム　22
循環論　78, 100
純粋 ϕ 現象　14
止揚　23, 124
上昇する速球　153
情報　9
処理資源　62, 64
し忘れ　104, 105
新行動主義　32, 210
心的回転　208
心理学　8

スーパーエゴ　18
数量解析的方法　7
スキーマ　26, 134
スキーマレベル　230
スクリプト　27, 142
スリップ　222, 228

生活の質　112
精神物理学的方法　5
精神分析学　18

精緻化　11
生理学的方法　5
宣言的記憶　87
潜在学習　30
潜在記憶　87, 128
洗脳　154

促進効果　120
素朴概念　182

タ 行

ダイアリー法　5
対象関係枠　196
多重資源理論　66, 68
単一資源理論　66
短期記憶　87, 88

知能構造　96, 99
チャンキング　11
チャンク　11
注意　64
注意コントロール資源レベル　232
中央実行系　92, 98, 101
中心視　76
調音ループ　90
長期記憶　87, 88
超自我　18
直接プライミング効果　121
直観物理学　182

定位　206
定位エラー　209
データ駆動型エラー　224
データ駆動型処理　15, 25, 27
手続き的記憶　87
展望的記憶　87, 104, 106～108

統合失調症　173
同時時相　14
トートロジー　78, 100
トップダウン処理　15, 27

ナ 行

内観　8
内観法　3, 52
内的辞書　29
ナビゲーション　216

2次記憶　24
二重課題法　7, 68
二重貯蔵庫モデル　91
日誌法　5
ニューラルネットワーク・モデル　21
認識的解決　152
認知科学　36
認知科学者　6
認知システム　9
認知神経心理学者　6
認知心理学　2, 20, 22
認知地図　30, 200, 206, 208, 210, 214
認知的基準　171
認知ボード　230, 231
認知療法　169, 171

脳波　73
乗っ取り型エラー　222
喉まで出かかる現象　52, 55

ハ 行

波状並列型　21
発散的思考　180
発話思考法　46, 49
ハノイの塔　49
反省記憶　106
反応時間測定法　5

ビーカー問題　200, 201
ビックリハウス　158
ヒューマン・エラー　222, 237
ヒューマン・ファクター　237

フォーミズム　63
不思議な数7±2　11

プライミング効果　120, 126
ブラックボックス　12, 22
プラン　106
ブロック型練習　41
プロトコル　48
プロトコル法　7
文化　144
文脈主義　63

並列分散処理　21
弁証法　23, 124

ボトムアップ処理　15, 27
ホムンクショナリズム　76
ポリオ・タンク型感覚遮断実験　166

マ 行

水タンク型感覚遮断実験　167
ミステイク　222, 226
見出し　139, 140
三つ山問題　161
未来記憶　104

無意識　18
無意味綴り　26, 89

迷路学習　28
メカニズム　63
メタ認知　42, 148
メタファー　32
メンタル・ローテーション　208, 212, 213

モードエラー　226
物語スキーマ　138
もの忘れ　228
モンタージュ　124
モンタージュ効果　126
問題解決　178

ヤ 行

有機体論　63
U字型チューブ問題　200, 201
誘導運動　158

予測　130
予定記憶　104

ラ 行

ランダム型練習　41

リアリティ・モニタリング　114
リハーサル　11
リフレーミング　174

レストラン・スクリプト　145
連想活性化エラー　224

ワ 行

ワーキングメモリ　86～88, 91, 108
ワーキングメモリ人　93, 94

英　字

ATSモデル　234
FOK　50
P300　79, 83
QOL　112
S-R　12, 20
TOT現象　52

著者紹介

中島 義明（なかじま よしあき）

1967年	東京大学文学部心理学専修課程卒業
1972年	東京大学大学院人文科学研究科心理学専門課程博士課程修了
	大阪大学大学院人間科学研究科教授を経て
現　在	早稲田大学人間科学学術院教授
	大阪大学名誉教授
	文学博士

主要編著書

『運動視知覚』（北大路書房，1988）
『いま実験心理学は』（誠信書房，1992）
『実験心理学の基礎』（誠信書房，1992）
『人間科学への招待』（共編著）（有斐閣，1992）
『実験心理学への招待』（共編著）（サイエンス社，1993）
『人間行動学』（共編著）（放送大学教育振興会，1994）
『情報処理の心理学』（有斐閣，1995）
『映像の心理学』（サイエンス社，1996）
『メディアにまなぶ心理学』（編著）（有斐閣，1996）
「人間行動学講座　第1～3巻」（シリーズ共編著）（朝倉書店，1996）
『フロンティア人間科学』（共編著）（放送大学教育振興会，1998）
『心理学辞典』（編集代表）（有斐閣，1999）
『現代心理学［理論］事典』（編著）（朝倉書店，2001）
『人間科学の可能性』（共編著）（放送大学教育振興会，2003）
『新・心理学の基礎知識』（共編著）（有斐閣，2005）
『情報の人間科学』（コロナ社，2007）
『認知変数連結論』（コロナ社，2007）
「現代人間科学講座　第1～3巻」（シリーズ共編著）（朝倉書店，2008）

コンパクト新心理学ライブラリ　13

情報処理心理学
——情報と人間の関わりの認知心理学——

2006年6月10日©	初　版　発　行
2011年2月10日	初版第3刷発行

著　者	中島義明	発行者	木下敏孝
		印刷者	山岡景仁
		製本者	小高祥弘

発行所　　株式会社　サイエンス社

〒151-0051　　東京都渋谷区千駄ヶ谷1丁目3番25号
営業　☎ (03) 5474-8500（代）　振替 00170-7-2387
編集　☎ (03) 5474-8700（代）
FAX　☎ (03) 5474-8900

印刷　三美印刷　　製本　小高製本工業
《検印省略》

本書の内容を無断で複写複製することは，著作者および出版者の権利を侵害することがありますので，その場合にはあらかじめ小社あて許諾をお求め下さい．

ISBN4-7819-1129-3

PRINTED IN JAPAN

サイエンス社のホームページのご案内
http://www.saiensu.co.jp
ご意見・ご要望は
jinbun@saiensu.co.jp　まで．